ブックレット《アジアを学ぼう》別巻 27

上林朋広

ズールー語が開く世界

南アフリカのことばと社会

風響社

ジンバブエ
ボツワナ
ナミビア
リンポポ
モザンビーク
ハウテン
ヨハネスブルク
北西
ムプマランガ
スワジランド
フリーステイト
レソト
北ケープ
クワズールー・ナタール
東ケープ
西ケープ
0
400km
1/2,969,100

図１　南アフリカの地図

ズールー語が開く世界——南アフリカのことばと社会

上林朋広

はじめに

本書のテーマは南アフリカにおけるズールー語学習の歴史である。

この一文を書いた途端に、本屋でこの本を手に取ったあなたが（万が一そういう人がいるとして）、すぐに閉じて棚に戻すのが思い浮かぶ。日本では、ズールー語は馴染みのない言語だ。ズールー語の文法や会話を日本語で解説した参考書はない。一体どんな言葉だろうかと興味を持って本書を開いたとしても、わざわざ時間をかけて読もうとは思わないかもしれない。

しかし、日本においてはとてもマイナーな言語であるズールー語に日本で出会える場所がある。ディズニーの映画、そして劇団四季がミュージカルとして上演している『ライオンキング』のはじまりの歌「サークル・オブ・ライフ」の冒頭の歌詞である。「ナンチ・インゴンヤマ、ここにライオンがいる」から始まる、力強い歌詞だ。

力強さといえば、もしかするとあなたは二〇一九年に日本で開催されたラグビー・ワールドカップで優勝した強豪国南アフリカに関心を持ち、この国の歴史をもう少し知りたいと思っているのかもしれない。屈強な選手たちが歌う国歌に、実は様々な言語が組み込まれている。全部で五つの言語からなる歌詞のはじめに来るのがズールー語（とコーサ語）だ。

それではと、ズールー語のトリビアを提供する以外に本書に何の意義があるのかとあなたは問いかけるかもしれない。ズールー語という言語を教える人や学ぶ人について知って何になるのかと。

ズールー語作家には例えばプルーストのような世界的に読まれる文学者はいない（アメリカの小説家のソール・ベローは、多文化主義を批判する文脈でズールー人にプルーストのような優れた書き手はいないだろうと発言した）、またビジネスで不可欠な訳でもない。

本書は、ズールー語学習の歴史を辿り、実際的な利点は皆無であるはずなのに、なぜ人々はズールー語という言語を学んできたのか、あるいは学ばされてきたのかという問いに答える。この問いは、アパルトヘイトという人種差別の歴史とその克服を目指す南アフリカの歴史と分かちがたく結びついている。本書は多くの人々が英語を話す国、南アフリカにおけるアフリカ言語の学習という事例から、言語と植民地主義という大きなテーマに新しい光を当てることを目指している。五ミリ程度という本書の厚さを考えれば、照らし出される範囲は狭いかもしれない。それでも、ズールー語が照らし出す歴史と社会状況は、英語だけでは見えてこない新鮮な像であるように思う。この点についてもう少し説明を加えよう。まずはズールー語を学んでなにか良いことがあるのか考えてみたい。そして本書の主題である、ズールー語を学ぶ人について知ってなにか良いことがあるのかという問いを続けて考えてみよう。

1　ズールー語を学んでなにか良いことはあるのか？

ズールー語を学習するきっかけとして思い出すのは、史料調査をしている中で出会った親子である。南アフリカにおけるアフリカ人の教育の歴史を研究していた私は、ズールー語の母語話者が多いダーバンという港町にある資料館で調査を行っていた。後からやってきた親子が、ある「部族」の歴史の作文を見せて欲しいと、職員の人にお願いをしていた。持ってきてもらった作文の一つを、父が娘に向かってこれが俺たちの歴史なんだ、と読み聞かせ、娘が頷いて熱心に読んでいる。

親子が読んでいたのは、一九四二年と五〇年に開催されたズールー人学生向けの歴史作文コンテストに応募があった作品の一部である。集められた作文は、ズールー人自身によって歴史が書かれ、資料館に保存されて世代を通してつながっていく、という良い事例であるように思えた。歴史家が史料として作文を利用するだけではなく、ズールー人自身が自分たちの歴史を明らかにするために作文を利用する、そしてそれによって世代間の継承がなされる、そのような力をこのズールー語で書かれた文章は持っているのだ。後から振り返って、この資料館での出会いが、ズールー語を学ぶ大きなきっかけであったことは確かだと思う。この出来事を契機に、ズールー語の勉強を、それも会話に重点を置くのではなく、史料として読むということを目指してするようになった。もしかしたら、ズールー人の学生が、どのような教育を受けていたかだけでなく、ズールー人自身が学校で教えられた歴史に対して自分の歴史観を述べる、そのような視点が得られるのではないかと思ったのだ。

それから南アフリカに長期留学をした。指導教官に相談して、今後の調査の計画とともに、折角の機会だからズールー語学習もしてみようと思いますと伝えると、三ヶ月位でひととおり読めるようになるよと言われた。実際にはそういう事はなく苦労の連続であったのだが、それでもズールー語学習自体は非常に面白く取り組むことができた。留学前には予想をしていなかったことではあるが、ズールー語で書かれた文書や本を読んでいくことが、私の研究の大きな部分を占めるようになって、博士論文の執筆に、そしてその後の論文や学会発表に生かされている。

ズールー語の読解能力は、研究上必要な能力ではあるが、同時にズールー語を学習する中で面白い経験をし、そうしたエピソードの数々はを私の南アフリカでの経験を豊かにしてくれた。この本では、論文や研究書に組み込むことはできないけれども伝えたい、そういったことがらをまとめて、皆さんにお伝えできればと思っている。アフリカ言語の学習というと随分とマニアックなことを、と思われるかもしれない。しかし、南アフリカにおいては、ズールー語学習はかなりポピュラーな行為であり習い事である。実際に、私の周りにもズールー語を学んでいる人が幾人もいる。大学で研究室が隣のロビンも学んでいる。大家さんの二人の息子、ダニエルとエラも学んでいる。学校で第二言語として教えられてもいる。

南アフリカでは現在一一の言語が公用語に指定されている。英語とアフリカーンス語（オランダ系入植者の言語）という二つのヨーロッパ系の言語と九つのアフリカ言語である。ズールー語はそのうちの一つである。ズールー語を学ぶ人々、特に白人の学習者になぜこのことばを学ぶのかと聞いてみると、南アフリカ人であるからには、アフリカの言語を少しは話せるようになってみたいという答えが返ってくることが多い。

実際にズールー語で簡単に挨拶程度でも話すことができるとアフリカ系の人々の愛想が格段に良くなることが多く、南アフリカ社会に受け入れられるためにズールー語を学ぼうという動機があることは理解できる。もちろん海外旅行の際に、現地の言葉で「こんにちは」や「ありがとう」などのフレーズを覚えてから出かける人も多いに違いない。しかし、南アフリカでズールー語を学ぶことには、潤滑油としての言葉というよりも、もう少し重い意味が込められている。

アパルトヘイトという過酷な人種差別的体制を敷いていた時代の南アフリカにおいては、公用語は英語とアフリカーンス語だけであった。南アフリカの白人にとってアフリカ言語を学ぶこと、特に南アフリカで最大の人口を持つ民族ズールー人の言語であるだけでなく最大都市ヨハネスブルクのアフリカ人の共通語としても使われているズールー語を学ぶことは、一九九四年の民主化以後の南アフリカにおいて抑圧の過去を捨て去り、真に「アフリカ人」になる行為であったのだ。

南アフリカの地図（図1）のうち、クワズールー・ナタールが、もともとズールー語が話されていた地域である。現在も本来のズールー語（Deep Zulu）が話されているのは、クワズールー・ナタールだと言われることも多い。筆者が留学したヨハネスブルクは、一八八〇年代からの金鉱山の開発によってほぼ無人の僻地から急速に発達した都市である。ヨハネスブルクのあるハウテン州がこの場所でもともと話されていたソト語で「金の場所」を意味し、またズールー語の都市名エゴーリ（eGoli）も同様に金のある場所を意味している。一九世紀末から多くのズールー人が鉱山への出稼ぎ労働者としてヨハネスブルクにやってきて、徐々に定住する人々も出てきた。白人、インド人、混血のカラード、中国人、そしてアフリカの諸地域からも人々がヨハネスブルクに集まってくる。ヨハネスブルクは、多人種・多民族国家の南アフリカを象徴する都市でもあるのだ。しかし、多言語が話される場では、当然ながら共通語の必要が生じる。ヨハネスブルクにおいては、アフリカ人とその他の人種の人が会話する場合は英語が共通語に、アフリカ系の間での会話ではズールー語が共通語として使用される場合が多い。それゆえ、日本からヨハネスブルクを訪れると英語だけで生活することができる便利な都市として感じられるかもしれない。

南アフリカの公用語は一一あるが、実はヨハネスブルクに限らず都会であればほとんど皆、英語を話すことができる。日常生活は英語で事足りる。それではなぜわざわざ、ズールー語を学ぶ必要があるのか。私自身、南アフリカのズールー語という日本では非常にマイナーな言語の学習に多くの時間と努力を割いてきた上で、今後ズールー語を教える機会があるという見通しもなく、ズールー語を学んだからといって研究以外に利点はないと答えざるを得ない。しかし、英語だけではなくズールー語という言語を通すことで南アフリカ社会の見方は大きく変わったように思う。とはいえ、英語という植民地化の過程で持ち込まれた言語ではなくアフリカ言語を読み解くことで植民地支配の対象とされた人々の思想や経験が分かるかというと、話はそう簡単ではなく、むしろズールー語がいかに植民地統治と結びついていたが理解できたという気がしている。ズールー語での読み書きは、アパルトヘイトと呼ばれる人種隔離政策の進展により、むしろ普及していったという側面があった。また南アフリカの民主化後は、他のアフリカ諸国出身者に対する排斥の中で用いられてもきた。しかし、ズールー語という言語の歴史を丹念に辿ることで、このことばに込める人々の淡い期待――それは母語で作家になりたいという個人的な思いから、ズールー民族の再興や、解放運動で要求されつつも実現していない社会経済的な上昇というより集団的な希望まで様々であるが――を感じ取ることができたように思う。この点で重要なのが、ズールー語は、ズールー語の母語話者も学んでいるということである。しかも、ズールー語が他のアフリカ言語と同様に公用語として認められた民主化以後ではなく、それ以前のアパルトヘイトの時代においてもズールー語は、学校教育のカリキュラムに組み込まれ、教えられてきた。それはなぜなのだろうか。

2　ズールー語を学ぶ人について知ってなにか良いことがあるのか？

南アフリカ、特に都市は英語が支配的な場所である。人類学者のフィールドワークで前提とされるような現地社会に入って子どものように対象となるコミュニティで話されている言葉を学ぶということは望むべくもない。しかし教室で、あるいは自分の研究室に個人教師を招いてズールー語を学ぶ中で、少しはズールー語で話ができるようになってくる。特に良い機会が大学での行き帰りでのタクシー（ウーバー）の運転手との会話であった。運転手たちは喜んでズールー語で会話してくれた。運転手は、クワズールー・ナタール州から来たズールー人、あるいはヨハネスブルク生まれのズールー人であることもあったが、リンポポ州など他の州から働きに来た人や、ジンバブウェやモザンビークなど他のアフリカ諸国から移民としてきた人々も多かった。彼らのほとんどは（できればズールー語は話したくないというソト人の人もいたが）ズールー語を話した。ズールー語はアフリカ人の間での共通語として機能しているのだ。そしてズールー語を話すことは、私のように「黒人」とは見なされない人物が、「黒人」としての会話に入っていく上で非常に有効な手段であった。以下ではそのような経験について述べたい。

いつものように夜の一〇時にその日の研究を終えて大学の門の内側でウーバーを待つ。ウーバーに乗り込んで運転手と挨拶を交わす。はじめは英語で、それからズールー語で。「サウボーナ（こんばんは）」と言った後に、「アイコ・インキンガ・シクルメ・イシズールー・ナ（ズールー語で話してもらっても構いませんか？）」と訊くようにしていた。車内の閉じられた空間は、ズールー語の会話の練習をするには絶好の場所であった。英語とは違い、ズールー語を話せる人として認識してもらうのは容易だ。簡単な挨拶ができれば、話せるじゃないかと褒めてもらえる。そのため、「この大学でズールー語の個人授業を取っています。それで、ンギヤクルマ・ウククルマ・イシズールー（ズールー語を話そうと頑張っています）」と言った時の反応は、しばしば「アウザーミ・ウヤクルマ（頑張っているんじゃないよ。しゃべっているじゃないか）」というものだった。しかし、今振り返ると、ズールー語の練習に付き合ってくれる親切な運転手にさらに次のように問うこともできたのではないかとも思う。すなわち「ンギヤクルマ・イシズールー・シーピ？（私はどのズールー語を話しているのでしょうか）」と。実際に質問したとしてもはかばかしい答えが返ってくるとは思えなかったが、ヨハネスブルクに滞在してズールー語を学び始めると、実際には様々なズールー語があり、自分が習っているのはそのうちの一つであるということがわかった。授業で習ったズールー語を使うとよく「ディープなズールー語（Deep Zulu、ヨハネスブルクで話されているようなくだけたズールー語ではなく、ズールー人の「本来の居住地」であるズールーランドで話されているズールー語）」や「イシズールー・エシンダーラ（古いズールー語）」を話すねと言われた。所属していた研究所のズールー人知識人の歴史を専門とするショニパ・モコエナ教授からはトモヒロが話しているのは、教科書的なズールー語テキストブック・ズールーだとも。このような複数のズールー語の存在は、ズールー語話者の地域的多様性だけでなく、「正しいズールー語」を定め、それをズールー語話者に押し付けようとしてきた学校教育にも由来する。

それゆえに、「正しいズールー語」を学ばなければならないと考えられていたのは白人だけではなかった。実際に、歴史学者のジェイコブ・ジャミニは、アパルトヘイト末期の一九八〇年代のヨハネスブルクでの子供時代に、ズールーランドで使われる伝統的に正しい「洗練された（refined）ズールー語」が学校で教えられて、自分たちが普段話しているヨハネスブルクで使われるズールー語はくだけたものであるとされていたと回想している。

またインド洋海岸都市ダーバン郊外にあるアフリカ人エリート女子校のイナンダ・セミナリーを訪れ、そのアーカイブを利用した時に分かったのは、この学校にある最も古い本は私が所属していたヴィッツ大の言語学者ドークが書いたズールー語文法の教科書であるということであった。ズールー人の学生は正しいズールー語を書くために、白人言語学者の定めた規則に従って話し、読み書きすることが求められていたのである。アフリカ言語で書くことが精神の脱植民地化につながるとするケニアの文学者グギ・ワ・ジオンゴの主張とは異なり、ズールー人が自身の言語で書くことは、自分の文化を守り、植民地支配に抵抗の姿勢を示すことには単純にはつながらないのである。ズールー語で読み、また書くことは、自身の文化を保ちたいというズールー人知識人のナショナリズムが植民地主義に分かちがたく結びついていく過程であったのだ。

アパルトヘイト崩壊以前に出版されたズールー語の本のほとんどは、学校教育で使用されることを想定して執筆された。実際に、本書で検討するズールー語で書かれた本はすべて教科書として指定されている。識字能力を持ち、かつ購買力のあるズールー語話者の割合は少なく、教科書（set works）として指定されることで初めて採算の目処が立ち、出版することが可能になったのである。ここで使った「教科書」という用語は、若干誤解を招きやすいかもしれない。日本の学校で教えられている国語であれば、出版社が出した教科書に、複数の本から小説・評論が採用され教材として編まれる。例えば、夏目漱石の『こころ』や中島敦の『山月記』など多様な文章が収録されている。それに対して、ズールー語の本が教材として使われた「ズールー文学・歴史（Zulu Literature and History）」という科目においては、州政府教育省でアフリカ人教育を担当する部門が原稿を募集し、認められた原稿が出版され、学校教材として使用される。ズールー語で本を書く際には、教材であるということを意識せざるを得なかったのだ。

それでは、「ズールー文学・歴史」という科目では何を教示することを目的としていたのだろうか。端的に言えば、アフリカ人を民族ごとに分断し、狭い土地に押し込め、安価な労働力として利用することを目指した人種隔離制度を心理面で補強するために、ズールー人であるという意識を植え付けるための科目であったとまとめることができるだろう。

「ズールー文学・歴史」という科目は、ズールー語で書きたいと思う知識人に出版の機会を与えるとともに、内容・書き方の両面で制限を加える足枷ともなっていたのである。二〇世紀後半の代表的なズールー語作家シブシソ・ニャンベジ（写真1）は一九六一年に行った講演で、ズールー作家は、学生のための教科書として書かなければいけないという事態によって、ズールー語で書かれた本は大人が読むようなものではないという観念が広がってしまっていると述べる。ニャンベジは、これまでに書かれた作品は、人物の描写が単調であり、かつ同じようなテーマを扱うなど（田舎で育った若者が都市に行き悪影響を受ける）発展が見られないズールー語作品の現状を悲観する。

写真1　1979年、インタビュー時のニャンベジ（出典 : Nyembezi Interview, Killie Campbell Africana Library 所蔵）

教科書として作品を書くのには制約がある。それでも、ニャンベジはズールー語で書き続ける。ズールー語の読本、小説、ズールー人の文化についての概説書、詩集、彼が発表する作品のジャンルは多岐に及ぶ。晩年、アメリカに亡命し、現在はニャンベジの研究をしている文学者からのインタビューにおいてこれまで発表してきた作品を英語に訳そうという気はあるかと問われて、全くないと答えている。ズールー語でしか、伝えられないものがあるからと。そして彼が伝えたいのは、ズールー語を話す人々であるからだと。

第二節、第三節では、ズールー語で教科書を書いた二人の人物を取り上げ、ズールー語での執筆と人種隔離政策との関連性を検討する。ズールー語を学ぶ人、特にズールー人が母語であるズールー語を学ぶという事象に注目することで、本書はアパルトヘイト時代にアフリカ言語を学ぶことが、実は人種隔離政策の進展と密接につながっていたことを示す。いかにしてズールー語の学習は植民地支配に組み込まれていったのか。そして、自分の母語で書くことが、必ずしも植民地支配への抵抗とはならずに、むしろその支配を補強するような役割を期待される中でズールー語の作家たちは作品を生み出していったのか。このように問う本書の目的は、ズールー語という視点から、南アフリカにおける言語と植民地支配の関係について明らかにすることである。

第一節では、私自身のズールー語学習の経験を踏まえて、南アフリカにおいてズールー語学習が歴史的にどのような含みを持つ行為として考えられてきたのか、本書の論点を提示していきたい。それにしても、ズールー語を学ぶのは、それもある程度史料として使えるように文章が読めるようになるまで上達するのは、かなり面倒な作業だ。しかし、ズールー語を学ぶことで南アフリカの歴史について理解を深めることは、その面倒くささとしっかりと結びついている。どれくらい面倒なのか、留学中の私の（想像上の）一日を事例として挙げよう。苦労しながらズールー語を学ぶ日々は、第二節・第三節で取り上げる様々な疑問点に突き当たっていく過程でもあったのだ。

第二節では、ズールー語の歴史教科書を書いたジェイムズ・スチュアートという人物の略歴と彼の書いた歴史教科書を題材に、ズールー語学習、特にズールー人自身がズールー語を学ぶことに込められたズールー文化の保持という含意をまずは確認する。その上で、一般的にズールー語の教材としてのみズールー語の作品を発表することが可能であるという状況がズールー語作家にもたらした制約を明らかにする。

第三節では、ズールー語文学の代表的な作家シブシソ・ニャンベジに注目し、彼のイゴーダ（ロープの意味）というズールー語読本シリーズと一九五〇年に発表された小説『ムンタナーミ！、ムンタナーミ！（我が子よ！、我が子よ！）』が、第一節で述べた制約をいかに乗り越えようとしたのかを考察する。ニャンベジのズールー語作品を分析することで、ズールー語で本格的な小説を書くという行為に情熱を傾けたニャンベジの尽力が、ズールー語によって表されうる世界を広げようとする試みであったことを明らかにする。

「おわりに」では、ズールー語学習の歴史を踏まえて現代に視点を移す。南アフリカの最大都市ヨハネスブルクに住むアフリカ系住民にとっての共通語としてズールー語が用いられるようになったことが、他のアフリカ諸国からやってきた移民・難民を排除するための合言葉としてズールー語が使われる事例につながっている。「おわりに」では、外国人排斥暴動から「きちんとした」ズールー語を学ぶべきだというズールー語学習で強調されてきた主張が、排外主義につながる危険性を検討する。

一　ズールー語学習という経験

1　ズールー語学習者の一日

七時。朝起きる。スマホに入った単語学習用のアプリ、Ankiが今日復習すべきズールー語単語が二〇〇を超えていることを示していることにうんざりする。普段の会話で新しく知った言い回し、本で出てきた単語や表現を片っぱしから記録し、覚えていこうとした結果だ。重要な単語・表現をまとめた本があれば良いのにと思う。ズールー単語ターゲット一九〇〇みたいな。

九時。留学中の所属先のヴッツ大学社会経済研究所につき、研究所で事務職員として働いているユニスがいつも通り、ウンジャーニ？（元気か？）と声をかけてくる。ンギヤピーラ（元気だ）と答えて、けど頭が痛い（イカンダ・ラーミ・リブシュング）と付け足す。本当は付け加える必要はなかったのかもしれないけれど、練習のために言ってみる。朝から単語を詰め込んだせいで若干頭が重いのは事実であるし。すると、ババラジ？と聞かれる。聞いたことのない単語だ。すぐさま、問い返す。ババラジってどういう意味？「二日酔いで頭がいたいという意味だ」とユニスは答えて、でもこれはツォチタールだよと、付け加える。ヨハネスブルクのズールー語を基礎とした、くだけた言葉ツォチタール。だから真剣に覚える必要などないのだと。もちろんこの単語をAnkiに登録する。

ズールー語を学習してしばらくして、辞書に記載はないが、日常会話や文章で使われる単語にしばしば出会うことに気づいた。例えば、ニャンベジがズールー人学生に向けて書いたズールー語読本にも出てくるフィキザ（fixiza）という動詞は「鼻をぐずぐずさせる」という意味だが、なぜかどのズールー語・英語辞典にも載っていない。

もっとも大部のズールー語・英語辞典でも収録語句数は、三万語程度であり、英和大辞典の収録語句数と比べるとかなり少ない（例えば、ジーニアス英和大辞典の収録語句は二五万五〇〇〇余だ）。そのためズールー語で文章を読む際に、単語の意味を母語話者に訊くという作業は不可欠である。文章を読んで新しい単語が出てきたら、あるいは会話の中で知らない単語を相手が発言したら、この機会を逃したら、次にこの単語に出会えるのはいつになるのかわからない、という想いに駆られる。この単語に再び出会った時に、母語話者に意味を尋ねることができるのかも不明である。このような一期一会（あるいは一語一会）という状況がこの機会を逃してはならないという感覚につながり、強迫観念的に単語を拾い集める作業に熱中させることにもなったのである。辞書を作成した先達たちの後について落穂拾いをしているような感覚にとらわれることもしばしばだ。

午後からは、ズールー語の個人レッスンを受ける。

南アフリカに来た当初は、ズールー語の発音や挨拶を中心に学んでいた。舌をもつれさせながら、ホワイトボードに書かれたフレーズを声に出して読む。ンギヤジャブーラ・ウクケーダ（ukuqeda）・ウムセベンジ（仕事が終わってうれしい）」。ケーダ（qeda）の q はコルクを抜く音を真似するような感じで。あるいは、動詞の前に付くコンコード（人称の一致）を確認する。アメショ・アブシュング（Amehlo abuhlungu）、目が痛い。目（ilihlo あるいは iso）を複数形（amehlo）にして、コンコードを li- から a- に変える。

新しくことばを学ぶことは、小さな行為の積み重ねだ。辞書を引く、メモを取る、暗記する、話しかけてみる。そして、とても時間がかかる。ついて回るのが、なぜそのことばを――この場合はズールー語を――学ぶのか、ということだ。人から聞かれることもあれば、自分自身ふと思うこともある。

ある程度長い文章を、歴史学の博士論文を書くための史料として読み進めるようになると、なぜこんな大変なことをするのかという想いはさらに強くなる。発音や挨拶、簡単な文法を覚え、研究のための史料としてズールー語で書かれた文章を読んでいこうとすると、なぜ学ぶのかという問いが頭をもたげてくるのだ。ズールー人がズールー語で書いた初の小説は、アフリカ民族会議（ANC、一九一二年に設立された反アパルトヘイト運動団体であり、民主化後はマンデラが党首を務めて与党となった）の初代議長ジョン・デュベが一九三〇年に発表した『インシラ・カ・シャカ（シャカの従者）』である。一九世紀初頭にズールー王国を築いた冷酷な王シャカの付き人ジャッケを主人公とした歴史小説である。この小説を冒頭から読もうとしてすぐに壁にぶつかった。あまりにもズールー人の伝統に根ざした記述が多いのである。小説は、ブラワヨと呼ばれるズールー王シャカの集落の描写から始まる。イシバヤ（isibaya）と呼ばれる、家畜を囲う柵を外枠とし、中心より上にシャカの住居が、その左手には、黒いイシゴジョ（isigodlo）と呼ばれる彼の妻たちの住居があり、右手には、白いイシゴジョ、子供たちの住居がある。シャカの住居を上とすれば、その下側に、イシガバ（isigaba）と呼ばれるシャカの側近たちの住居がある。「家」という意味の一般的なズールー語の名詞インジュ（indlu）は、全く使われない。ズールー人の伝統に基づいた特定の名詞がきちんと割り当て

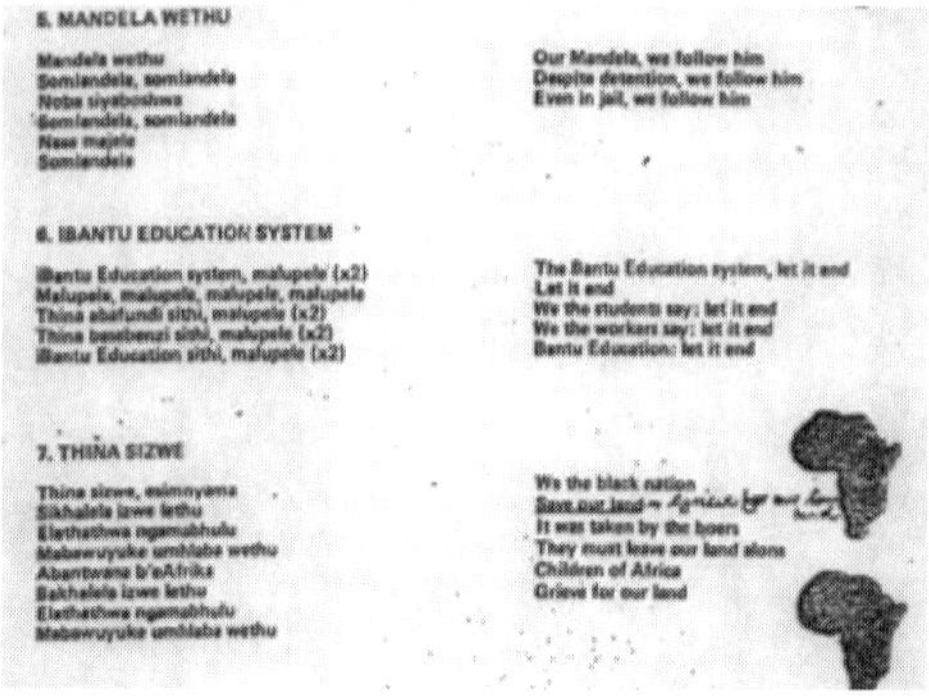

図2　Freedom Songs（出典：Marcus n.d.）

られているのだ。ズールー語の個人授業をお願いしていたムバリによると、デュベは古いズールー語で書いている、とのことだ。二〇世紀の半ばに本書を読んだズールー人の学生も苦労するような古い用語を多く含んだ文章を、辞書を引きつつ読んでいく中で、学生たちはなぜここまで伝統主義的な本を読まされなければいけなかったのかという疑問が浮かんでくる。なぜデュベは、ズールー語で書かれた初の小説『シャカの従者』で古いズールー語の語彙を使い、ズールー人の伝統を事細かに書かなければいけないのか。さらに、二〇世紀前半にアフリカ人教育を管理していた、次節で取り上げるダニエル・マルコムという白人の教育行政官の論文を読んでいくと、デュベの歴史小説が学校において教科書として教えられる際には、物語にではなく、綿密に記述されたズール人の過去、例えばズールー王の住居や、初収穫の祭りの様式に力点が置かれていたことがわかってくる。それは一体なぜなのだろうか。

三時。ズールー人の伝統を強調する歴史小説にうんざりしつつ、研究室から歩いて五分ほどの図書館に向かい、気分転換にアーカイブで一九八〇年代の反アパルトヘイト闘争の史料を閲覧する。フリーダム・ソングと呼ばれる闘争の士気をあげるために行進時あるいは、活動家の葬儀など様々な場面で歌われた歌を確認する。当時非合法組織であったアフリカ民族会議とのつながりを疑われ、国家テロリズムに問われたUDF（United Democratic Federation）という非政府組織に関する裁判で政府側が提出した資料だ（図2）。

「マンデラに従え」、「バンツー教育を終わらせろ」、「私たちの土地を返せ」、ヨハネスブルクで開かれた法廷に民衆の要求が示されたズールー語の歌詞が、ANCとのつながりを示す資料として当時の政府から提出される。アフリカ人教育を「部族」的なものにすることを定めた一九五三年のバンツー教育法への反発がズールー語で歌われることに、それもズールー語話者がもともと住んでいたナタール州だけでなく、ヨハネスブルクで歌われることにデュベが小説を書いていた時代からの変化を感じることができる。これらのフリーダムソングのうちには現在も歌われているものもある。例えば、二〇一三年に亡くなったネルソン・マンデラの葬儀の際には、当時の大統領ジェイコブ・ズマが「ティーナ・シズウェ（私たち黒い民族）」を披露している（Youtubeで"Mandela Funeral, Zuma sing"と検索すると、なかなかの美声を披露する汚職に塗れた大統領の歌唱を聴くことができる）。また、反アパルトヘイト運動と音楽をテーマとするドキュメンタリー映画『アマンドラ！　希望の歌』でもズールー語で歌われている多くのフリーダム・ソングを聴くことができる。

ズールー語は、デュベのズールー語小説『シャカの従者』が教科書として用いられた学校教育におけるズールー語文学・歴史という科目のように、人種隔離政策と親和的な「創られた伝統」を人々に植え付けるための媒体として利用されることもある。しかしまた、フリーダムソングのように、人種隔離政策に真っ向から反対し要求するために、そしてその際に命をかけて運動に参加する人々の共同性を生み出すためにも使われる。ズールー語の多様性を感じつつ、また史料の読解に戻る。

夜の一〇時過ぎ。大学構内にウーバーを呼び、下宿先に帰る。しかし、この日の私のズールー語学習は、まだ終わらない。ウーバーの運転手とズールー語で話すという課題が残っているのである。

「サウボーナ（こんばんは）……」

2　ズールー語で挨拶する

ズールー語を話す、話そうとする日本人（日本という国を認識していない人も多いので「中国人」と呼んだ方が良いかもしれない）としての私は奇妙な存在だったのではないか。アジア人なのに数学ができない（国会図書館で調査中に三角関数を教えてほしいと突然尋ねてきた高校生に全くわからないと答えた時のがっかりした表情を思い出す）。それなのに、ズールー語で会話しようとする。全く不思議な存在だ。研究所のキッチンで、ユニスの孫が勉強してるの見つけて、ちらっとその内容を見てみると二桁の足し算をしているのが分かった。これなら答えられるぞと思って、安心していると、歴史学者のショニパがトモヒロはズールー語をしゃべれるんだよ、と彼女に言って、話しかけるように促した。それからは教室で習ったズールー語会話の練習の通りだ。

あなたの名前はなんていうの？（ングバーニ・イガマ・ラーコ？）
私の名前はトモヒロです。（イガマ・ラミ・ング・トモヒロ）
調子はどうですか？（ウンジャーニ？）
元気です。（ンギヤピラ）
お会いできてうれしいです。（ンギヤジャブラ・ウククボーナ）

その後、ある日のこと、エレベータを降りると、ユニスの孫が目の前に立っている。ちょうど、学校が終わって、友達の一人と一緒に研究所のキッチンで勉強しようと祖母が働いている大学にやってきたところだったのだ。ユニスの孫は友達に見せびらかすように私にズールー語で話しかける。サウボーナ、こんにちはと。私はイエーボ、サウボーナと答える。こんにちは、元気ですか、元気ですよ。目を丸くする友達の隣で彼女が自慢げに、彼はズールー語がしゃべれるんだよと言って何か世界の秘密をささやくかのように会話しているのが聞こえてくる。

もう一つ、挨拶に関するエピソードを。スーパーに行く道すがら、坂道の向こう側からアフリカ系の女性が歩いてやってくる。しわくちゃの顔、片目が傷つき潰れている。この女性が、彼女が背負った苦痛の一部をぶつけてくるように、私の顔を横目で見つつ、チンク・チンク・チンクと中国人を中心としたアジア系に対する侮蔑的な言葉を投げかけてくる。

私はどうすればよかったのだろうか。無視して通りすぎるべきだったのだろうか。睨みつけるべきだったのだろうか。彼女にそのような差別的な発言はやめろと英語でさとすべきだったのだろうか。足を引っ掛けるべきだったのだろうか。顔にパンチを食らわせるべきだったのだろうか。私の口からでてきたのはサウボーナという言葉だった。彼女が返す。サウボーナと。ズールー語の先生のムバリ（写真2）がズールー語の挨拶であるサウボーナ（Sawubona）とは、直訳すれば、「私はあなたを見る、認識する（I see you.）」という意味だと教えてくれる。

写真2　ムバリ先生（右）と筆者

ズールー語で書く著名な詩人マジシ・クネーネはズールー人の伝統と詩の解釈を結びつける論考の中で、サウボーナという挨拶について言及している。挨拶する場合でも、私個人としてではなく、私が代表する共同体があなたに挨拶するという意味を持つ。サウボーナ Sawubona を分解すると、Sa= 私たち、wu= あなた、bona= 見るとなり、「家族あるいは共同体に代わって、わたしはあなたに私どもの敬意を表します」ということを意味するのだとこの詩人は主張する。

それではサウボーナと返答した彼女にとって、私は「wu= あなた」になったのだろうか。憎悪の対象から、少なくとも「人間」（umuntu）に。私は、ズールー語をしゃべることによって、人間になったのだろうか。そのような思いがよぎる。

ウブンツ（ubuntu）とは、人間性（humanity）とも訳される言葉であり、アフリカ大陸における共同性を考える上での重要な概念だと論じる人類学者もいる。ウムンツ（umuntu）がひとりの人、人間という意味であり、ウブンツは抽象的な名詞を表すubu-を具体的な人を表すumu-の代わりにつけた単語だ。直訳としては「ウムンツ・人間であること」となるだろう。果たしてウムンツであるとはどのようなことなのだろうか。しかし、ズールー語・英語辞典は、ウムンツの訳語として、人間（human being）の他に、アフリカ人あるいは黒人（Member of an African Native race; black man）という訳語を当てている。

ズールー知識人の歴史を研究するショニパは、ズールー人としてはじめてズールー語の歴史書を書いたマゲマ・フゼの著作『アバンツ・アバンヤーマ、ラーパババベランガコーナ（黒い人々、彼らはどこからきたのか）』の中に出てくる文で、この単語ウムンツが、「人間」とも「黒人」とも判別しにくいで使われていると指摘する。

少し煩雑ではあるが、実際にズールー語とショニパの英訳を挙げておこう。実際の文章は以下の通りだ。

ukuba ngumuntu loku kwake ufike wakutata uba afike lapa kwelakiti, wakushiya nya ubulungu, waba ngumuntu ngempela.

he became black 〔humane〕 only after he had arrived here in our country, he abandoned whiteness, and became a true human 〔black〕.（Hlonipha Mokoena, *Magema Fuze: The Making of a Kholwa Intellectual*, p.81）

日本語に訳すと次のようになるだろう。「私たちの国についてから、彼〔コレンゾ〕は、人間／黒人になった。白人であることを捨てて本当に、人間／黒人になったのだ」と。

ズールー語名で民族の父（ソバンツ）とも呼ばれる、一九世紀半ばにナタール植民地で宣教活動をおこなったイギリス人宣教師ジョン・コレンゾ（図3）に関する一文である。次節で取り上げる白人行政官ジェイムズ・スチュアートの残したズールー語の資料を英訳したズールー史研究者ジョン・ライトは、ウムンツを人間（human）と訳すショニパに対して、黒人（black）と訳した方が良いのではないかとコメントしたそうだ。白人であること（ubulungu）を捨てていう一文からは、たしかにウムンツを黒人として捉えた方が良いとも思える。しかし、ショニパはこのウムンツは、野蛮人／バーバリアンではなく、「人間である」という意味が込められているのではないかと話してくれた。コレンゾの運営する宣教団で教育を受けたズールー知識人のフゼは、自分の先生でもあり、ズールー語を身につけ、ズールー人の文化を尊重するこの宣教師コレンゾは、ズールー人のような黒人になったと言いたかったのではないかと考えたのだろうか。それとも、あまりにも節操のない土地や利益の追求を批判することで白人入植者に対立し、ズールー人から見れば、野蛮とも思える白人のあり方を捨てて、まっとうな「人間」になったのだと考えたのだろうか。

本書の「おわりに」で述べるように、外国人排斥暴動の中で、攻撃の対象者をより分けるために暴徒たちが外国人であることを疑われる人にズールー語を話すことを強制していたという事態を踏まえると、ズールー語を話すことで、初めて「人間」になれるというアイディアが思い浮かぶ。あるいは、もう少しポジティブにズールー語の役割を捉えるならば、私に差別的な物言いを投げつけてきた女性にとってズールー語の挨拶を返すことで、彼女にとって私が「人間」になったのだと考えることもできる。もしこの考えが正しいのならば、ズールー語を話すことで、「人間」となった私はコレンゾになんらかを負っているのだろう。彼こそが、文章としてのズールー語を作り上げるだけでなく、文法書や辞書を

図3 ジョン・コレンゾ（出典：Wiki Commons, 初出：*The Illustrated London News*, 15 May 1875）

作成し、ズールー語を学べるようにしたのだから。

ジョン・コレンゾがズールー語の普及に励む背景には、ズールー語を理解する白人が増えることで白人と黒人の共通理解を醸成し、そしてその先にある友好的な関係を作り出すことにつなげていきたいという思いがあったと、彼の娘ハリエットは父親が編集したズールー語・英語辞典の序文で書いている。

しかし、二〇世紀に入ってからのズールー語学習の歴史は、コレンゾが開いたズールー語の可能性を閉じていく過程とも考えられるのではないか。コレンゾはズールー語の文法書を書き、辞書を編纂することで、ズールー人と白人の友好を築こうとしていた。しかし、人種隔離政策下のズールー語学習は、白人と黒人は分離していなければならない（アパルトヘイトとはアフリカーンス語で「分かれたapart」状態を意味する）とするイデオロギーを支えるために、ズールー人に他の民族とは異なるズールー人としての意識を植え付ける役割を担った。すなわち、ズールー語学習は人種間の人間的な協調関係を生み出すのではなく、工業化や都市化によって失われつつある、本来あるべきズールー人の生活様式を維持するべきだというイデオロギーを強調する媒体として用いられることで、人種隔離政策を円滑化するための道具となっていたのではないだろうか。次節ではこの疑問を追求していきたい。

二　植民地化とズールー語

ズールー語の文章を読む。それも語学参考書の末尾の読み物として付された文章というレベルを超えて、長文を読んだのはズールー語訳された聖書のルツ記が初めてではなかったかと思う。個人教授をお願いしていたムバリが選んだこの旧約聖書で最も短い物語を読んだのが、ズールー語で一つの物語を読み通した最初の経験だった。「私は女性なので女性が主人公の物語を読むのだと」と述べたムバリのことばを単純に受け取って、深くは考えなかったのだが、南アフリカの女性を象徴するような物語でもある。ルツ記は、飢饉で夫を失ったルツが義母のナオミと、義父の故郷ユダに行き、その地で裕福な遠戚ボアズに妻として迎えられるまでを描く。飢饉とは限らないが、鉱山での労働、解放運動におけるゲリラ活動や投獄など何らかの理由で家に夫がいない妻という状況は、南アフリカ女性史を考える上で中心的なテーマの一つである。

小説家ンジャブロ・ンデベレが南アフリカの歴史における女性の経験を寓話的に描いた小説『ウィニー・マンデラの叫び』は次のように始まる。「それで、女性はなにをするのだろうか、夫がいない間に。夫は、牢屋にいるのかもしれないし、鉱山で働いているのかも、あるいは死んでしまったのかもしれないし、留学中かもしれない、あるいはセールスマンとしてほとんどの時間を路上で過ごしているのかもしれない、あるいは特にどこかにいるというのではないが、ただ単にそこら辺をうろつくのに忙しく家にいないのかもしれない」。ンデベレは二七年間収監されていたネルソン・マンデラ、夫である彼を待つ国民の母としてのウィニー・マンデラを植民地化から現在に至るまでの南アフリカにおける女性の経験を象徴する人物として描き出す。彼女の名前をタイトルとして使うこの小説は、ギリシャ神話に出てくるオデッセウスを待つ妻ペネロペの寓話的な子孫として、南アフリカ女性四人を設定し、女性たちの苦難を語っていく。高い評価を受けたこの小説に描かれた人物たちの設定はもちろん虚構ではあるが、多くの人の実際の経験と響き合うものでもある。実際にショニパ・モコエナは三代にわたって男なしでやってきた誇るべき家族と自分のことを語っている。

南アフリカ女性の歴史に基づいたンデベレの小説は英語で書かれている。一九三〇年にジョン・デュベが初めてズールー語で書いた小説を発表してから、ズールー語の歴史小説がいくつも書かれてきた。しかし、その内容の多くは、ズールー王家に関わるものであり、人々の日常的な経験に基づいたものではなかった。本節では、ズールー語による歴史叙述に課せられた制限を、ジェイムズ・スチュアートという白人でありながらズールー語で歴史書を書いた人物に焦点を合わせて迫っていきたい。

1　宣教とズールー語学習教材の出版

読んだ箇所が、ルツ記であったこと、またその含意に思いが至らない頼りない学習者あるということを別にすれば、聖書を用いたアフリカ言語の学習は実は一般的であり、ズールー語学習の歴史の始まりに関わる行為である。それまで文字が使用されていなかった社会に宣教師が入っていき、神の言葉を伝えるために聖書を翻訳するという言語の文字化の歴史を考えれば、聖書を読むことこそが、ズールー語に文法をもたらしたのだと言うこともできる。

他の多くのアフリカ諸言語と同様にズールー語も宣教師によって文字化がなされた。「書かれたもの」を示す、ズールー語イミバーロ（imibhalo）は、英語の聖書（scripture）が動詞 scribe から派生したのと同様に「ひっかく、しるしをつける」というズールー語の動詞バーラ（bhala）から派生し、「聖書」という語義を伴うようになった。

宣教師たちはアフリカ人の改宗を目指して、彼らの言葉で神の声を伝えられるように、聖書の翻訳を進めていった。現在のクワズールー・ナタール州の一部が最初にイギリス植民地とされたのが一八三八年であり、一八四〇年代にはすでに、ヨーロッパ各国及びアメリカ合衆国から宣教師が派遣され、熱心に宣教を行なっていた。ズールー語の学習書は、新規にやってくる宣教師たちの事前の学習用教材としてまずは準備されたのである。ナタール植民地で早くから宣教を行なっていたアメリカン・ボード所属の宣教師ルイス・グラウトは、ズールー語のアルファベット表記を準備し、聖書の翻訳を進めるとともに、一八五九年に初のズールー語文法書『イシズールー：ズールー人の言語の文法』を出版した。グラウトにとって、「文法書と辞書は異教徒の部族の中で活動する宣教師にとって最も大切なものの一つ」であったのだ。しかし、グラウトにとってズールー語は、罪深きズールー人の悪しき慣習（一夫多妻制など）を改めさせ、改宗させるための手段でしかなかった。ズールー人の歴史や伝統に対する素朴な関心は、感じられない。イギリス人宣教師のコレンゾ（前掲図3）は、ズールー人の間で育っている自分の娘に関して、グラウトが「できるのなら、この汚らしい人々の言葉（one word of that filthy people's language）を一つも身につけないようにさせたい」と発言したと批判的に伝えている。

グラウトとは異なり、コレンゾは、ズールー人の慣習に寛容である。その姿勢は聖書の翻訳にも現れている。アメリカンボードの翻訳は、ヨーロッパ言語の母語話者が学びやすいようにという関心が重視される。例えば、言葉を繋げて書く正書法が採用される。Ngiyabhala ではなく、Ngi ya bhala と書くことで、I am writing という英語に見た目は似たズールー語表記となる。それに対して、コレンゾは、ズールー語話者にとっては、「私は書く」は、Ngiyabhala と塊として意識されるのであるから、まとめて書くべきだと主張する。また、「神」をどのように翻訳するかもコレンゾとアメリカンボードで異なっている。コレンゾがズールー人の土着の信仰においてもっとも重要な人、ンクルンクル（uNkulunkulu、直訳としては、偉大な偉大な人）やムヴェリカンギ（uMvelinqangi、一番早く現れた人）を神に当てたのに対して、アメリカ人宣教師たちが、ズールー人が普段使っているンクルンクルは、長くて発音しにくいという理由で、隣接するコーサ語からティコ（Tixo）という言葉を借用している。

コレンゾは、白人入植者からすれば、また本国のイギリス人からすれば、ズールー人の見解を重視しすぎた人物であると思えるかもしれない。ズールー人協力者ウィリアム・ンギディと聖書翻訳を行なっていたコレンゾは、旧約聖書で記述された出来事は本当に起きたのかというンギディの疑問を真剣に取り上げて、『モーセ五書及びヨシュア記の批判的検討』を発表し、旧約聖書の物語は歴史的な事実とは言えないと主張して、論争を引き起こした。コレンゾのナタールの主教の座の解任騒動にまでつながったこの事件は、ズールー人を改宗すべき宣教師が、ズールー人に改宗されたとして報道もされた。

コレンゾのズールー人に寄り添う姿勢は、彼のズールー語著作及び辞書の有用性につながっている。アメリカンボードの著作が、初期宣教師に関する歴史研究の史料として以外は参照されないのに対して、コレンゾの辞書はいまだにズールー語を読む際の参考文献の一つとして研究者に使用されている。先述のショニパは、コレンゾの辞書は、ズールー人の協力者たちだけではなく、宣教師の娘としてズールー人の間で育ち、おそらくは父親よりもズールー語に堪能であったハリエットの助力があったのではないかと推測している。ハリエットはその後ナタール植民地において、植民地政府に対し、ズールー人の首長や、ズールー王家の権利を守る活動を行なっている。しかし、ズールー人の間で育ち、ズールー語を母語のように話す白人たちが、ハリエットと同様にズールー人の側に立って植民地権力の拡大に反対していたわけではない。一九世紀から二〇世紀にかけてのナタール植民地・州のズールー語を話す白人たちはむしろズールー語を話すことができるという技能を生かし、アフリカ人統治を行う官僚機構の中に活躍の場を見出して行ったのである。

2　アフリカ人統治行政と白人のズールー語話者

一九世紀から二〇世紀の初めにかけて、ズールー語の教材は、宣教師たちやその関係者によって執筆された。辞書や文法書は主に新しくズールー人の居住地域にやってくる宣教師の語学学習のために準備され、聖書やイソップ物語などのズールー語への翻訳は主に改宗したズールー人が西洋的な考え方・生活に馴染むために用いられた。しかし、ズールー語での執筆に関わっていたのは、宣教師と彼らから影響を受けたズールー人だけではなかった。

ズールー語の個人教授をお願いしていたムバリと一九二〇年代にズールー語で書かれた歴史教科書を読む。ジェイムズ・スチュアート（写真3）という白人の植民地行政官が執筆したものである。序文を読んですぐにムバリが、この人物はまるでズールー語を母語であるかのように書くと言った。「彼は、母乳として飲んだのかのように（ンジェンゴムンツ・オシンツェラ）、ズールー語を書く」。乳房を通して伝わる言葉として母語を捉える、具体的な言い回しだ。

スチュアートは白人であるが、ズールー人であるかのようにズールー語を書くという前提がある。ズールー語を話す白人という存在は、例外的で特殊な人物だと考えられているのだ。しかし、南アフリカ、特にナタール州のアフリカ統治行政においては、ズールー語を話す人材は必要不可欠であり、植民地統治の最初からそのような人物が政策の実施を担ってきた。

実際に、アフリカ人統治政策の要職には最初からズールー語の話せる白人が就いてきた。ナタール植民地の初代原住民長官には、ズールー語に堪能なセオフィラス・シェップストンという人物が就任している。彼は、ナタール植民地の南にあるケープ植民地でコーサ人の間で宣教を行なっていた父の元に生まれ、ズールー語と似たコーサ語が話されている環境で育った。近年出版された詳細な伝記は、ズールー人王や首長たちとズールー語で交渉を行い、ズールー人社会と白人入植者の間に立って自身の権限を拡大させていった人物としてシェップストンを描いている。先述した宣教師のコレンゾとは、彼がナタール植民地に赴任されてきた当初から交流があり、首長に掛け合ってコレンゾが運営する学校にズールー人学生が入学するように手配もしていたという。

写真3　1906年撮影のジェイムズ・スチュアート（出典：*JSA* Vol.6 カバーより）

二〇世紀に入るとアフリカ人統治行政は、声の文化としてのズールー語と関わるだけでなく書籍出版とも深く結びついてくる。それは当初宣教師のみが主に担ってきたズールー語学習・ズールー語出版に徐々に行政が食い込んでいったと捉えることができる。例えば辞書作成を見てみよう。二〇世紀に入ると、宣教師だけでなく、ズールー人統治・教育行政に関わる官僚たちが辞書の作成に携わる例が出てくる。一九二五年に出版されたズールー王チェツワヨ（写真4）の名を冠した辞書は、原住民

写真4　チェツワヨ（出典：Stuart 1925: 2）

統治に関わる官僚サミュエルソンが編集したものである。より重要なのは、戦後すぐの一九四八年に出版されて現在も最も収録後数が多い辞書として学習者・研究者に用いられている白人の言語学者ドークとズールー語詩人ヴィラカジという二人のヴィッツ大学の学者が名を連ねたズールー語・英語辞典である。編者のドークの謝辞には、原住民教育省への感謝が記され、辞書の項目がズールー人の教員や教育行政を担う白人官僚によって熱心に収集されていたことが分かる。原住民教育行政のトップだったダニエル・マルコムが音頭をとって収集していったのだ（マルコムは、その後英語・ズールー語辞典の編者を務め、同じくヴィッツ大学出版から出す）。

二〇世紀前半のズールー語出版へのアフリカ人統治行政・教育行政の介入は、当時のアフリカ人教育の状況を反映していた。教育カリキュラムの変更として、特に重要なのがナタール植民地出身のイギリス系白人教育者チャールズ・ロラムが中心となって推し進めた、アフリカ人教育改革である。

ナタール植民地では、宣教師が一八三〇年代に活動を開始する際にアフリカ人を対象とした学校教育が始まる。教育省が準備した統計によると一八七七年に二三九〇名だった学生数は、一八八七年に二九四三名、一八九七年に八五四二名、一九〇七年には一万二二四六名となり、一九世紀最後の四半世紀に学生数の大幅な増加を見た。この増加は、アフリカ人の自立的な社会が破壊されたことが大きい。政治的には一八七九年にズールー王国がイギリスに敗北し、植民地支配に組み込まれたこと、また経済的には、アフリカ人がダイヤモンド及び金鉱業で鉱山労働者として、あるいは鉱山への食糧供給のために農場労働者として駆り出されたことが背景としてあげられる。さらにヨハネスブルクなど都市圏での人口増加に伴う食料需要を満たすために農地の拡大を目指した白人農家により、アフリカ人農家は土地を奪われていった。いずれにせよ白人が支配する経済圏の中に組み込まれるのであれば、単純労働に従事するのではなく、より上位の事務員として組み込まれることを望んだアフリカ人が子弟を学校に通わせるようになったのである。

しかし、学校教育を受けたアフリカ人の増加は、宣教団体による教育への白人入植者からの批判を引き起こすことにもなった。入植者は、白人と同じような教育を受けることで、アフリカ人も白人と同じ地位につくことができると考える「不遜な精神（aggressive spirit）」を養成していると主張したのである。また教育内容があまりにもアカデミックであり、植民地政府と白人入植者がアフリカ人に期待する単純労働者という役割と乖離していることも問題視された。それゆえにアフリカ人には実業教育を中心とすることが前提とされたのである。この期待に沿ってアフリカ人教育の内容の変更を目指して議論を展開したのが、一九一七年に原住民教育主任視学官として、ナタール州におけるアフリカ人教育行政のトップに就いたチャールズ・ロラムである。

ナタール州におけるアフリカ人教育改革は、ロラムが自身の博士論文を元に一九一七年に出版した著書『南アフリカにおける原住民教育』において提示した構図を基本として推し進められた。アフリカ人教育においてロラムが問題視したのは、アフリカ人学生のヨーロッパ人学生、またインド人学生と比較した際の成績の低さであった。ロラムはこの事象を説明するにあたって、アフリカ人の知能が生物学的理由によってヨーロッパ人学生よりも低いとする見解を否定し、学校教育で教えられる内容がアフリカ人の学生の生活からかけ離れたものになっていることが原因であると主張する。そのため、ロラムの教育改革は、アフリカ人社会の現状に教育内容を適合させることを主眼としていた。ロラムは、大部分のアフリカ人は本来的には定められた居留地に居住すべきであるという前提から出発し、アフリカ人教育は農業・工芸とともに、ズールー語を含めたアフリカ人の母語に、より重点を置くべきであると指摘した。ズールー語を教えること、また他の科目においてズールー語を教授言語とすることは、農業や手工業の重視と同じく、アフリカ人は一時的に都市に出稼ぎに来ることはあっても、本来的にはアフリカ人の居住地区として定められた土地で生活すべき存在であるという前提に立つものであった。

ロラムの教育改革はアフリカ人統治政策の中でどのように位置づけられるのだろうか。ロラムがナタールにおいてアフリカ人教育に関わり始めた時、アフリカ人統治政策の見直しが課題となっていた。ナタール植民地におけるアフリカ人統治政策は、先述の初代原住民長官であるセオフィラス・シェップストンによって確立された。それはアフリカ人と入植者の居住地域を分け、首長を通してアフリカ人を統治するという点で、その後アパルトヘイトと呼ばれることになる領域的な人種隔離政策の原型の一つといえるものであった。この体制は、鉱山を中心とした経済がアフリカ人の都市化を引き起こし、また首長を通した課税への反発が一九〇六年の首長バンバタの反乱を招くなど揺らぎを見せていた。その様な中、統治政策のモデルとなったのが、ケープ植民地トランスカイ地方で実施されていたグレングレイ法であった。ロラムを含め当時のアフリカ人統治政策に関わる人々の多くは、同法に倣ってアフリカ人居住地の統治を、首長を通してのみ行うのではなく、アフリカ人有力者による評議会を設置し、その評議会に権限の一部を委譲することで支配の正当性を強化することを目指していた。実際、一九二〇年の連邦原住民統治法は同法をモデルとし、連邦レベルの統治政策の基礎となったのである。ロラムのアフリカ人教育論は、このような制度を前提としてアフリカ人エリートが白人と同様の権利を求めるのではなく、アフリカ人居住地域の中で政策に関わっていくことを期待していた。

ロラムはアパルトヘイト初期のアフリカ人教育制度の基礎を築いた一九五三年のバンツー教育法につながる教育思想を提示した教育学者として多くの研究の対象となっている。しかし、一九二〇年にヤン・スマッツ首相によって設立された連邦政府の諮問機関である原住民問題委員会の委員に就任し、プレトリアに居を移したこともあり、教育官僚としてのロラムの役割はナタール州におけるアフリカ人教育改革の青写真を提示した点に限られていた。彼が描いた構図を実行に移す役割は、ロラムの後任として原住民教育主任視学官に就任したマルコムに引き継がれたのである。あるアフリカ人教員は、実際にマルコムが教育省を定年退職した際に教員向けの雑誌に寄せた記事で、ナタール州のアフリカ人教育において「ロラムが建築家（architect）であったとすれば、マルコムは建造者（builder）であった」と述べている。

しかし、マルコムは、単にロラムの人種隔離体制にアフリカ人教育の内容を合わせようという含みのあるスローガン「社会に適合的な教育」や政府による教育の管理の拡大という主張を引き継いだだけではなかった。ロラムが母語の重視を論じる際には、母語を使用することでアフリカ人学生が、教育内容をより深く理解できるようになるという側面に重点があった。それに対して、ロラムの後継者であるマルコムは、ズールー語の教授、及びズールー文学・歴史という科目が、「人種的な誇り（racial pride）」を保つという役割を担うべきであるという議論を持ち込んだのである。「人種的な誇り」という字面から反植民地主義的な印象を受けるかもしれない。押し付けられた英語やアフリカーンス語ではなく、アフリカ言語を通してアフリカ人学生が自分の文化や歴史を学ぶのだからと。あるいは、本書の冒頭で述べたズールー人学生の作文を娘に読み聞かせる誇らしげな父親の姿を思い起こしても良いかもしれない。

南アフリカの歴史を考える上でややこしいのは、アフリカ人の歴史や伝統が重要であり、保存されなくてはならないと唱えていたのが、アパルトヘイトに反対する活動家だけでなく、人種隔離政策を推し進める白人政治家や学者たちも同様の傾向にあったことである。アフリカの各民族の文化は大切だから、彼らは白人入植者と混じるのではなく、自分たちの土地で民族に合った方向に進まなければならない。実際には、人口の八割程度を占めるアフリカ人に白人政権によって割り与えられたのは国土の一三%程度の狭矮な土地で、しかも農業に適さない滋味の薄い土地であった。アフリカ人労働者は仕事がある時だけ白人の居住地区である都市に入ることができるが、不況やその他の理由で失業した際や、高齢になり働けなくなった際にはホームランドと呼ばれる「本来の居住地」に帰らなくてはならないとされた。アフリカ人の文化の尊重は、この経済的な搾取のシステムを糊塗する議論であった。すなわちズールー人であるからにはズールー人の過去と伝統を理解しなければならず、そのために学校教育でもズールー語での歴史学習が重要とされたのである。

一九五〇年代にアパルトヘイト政策が本格化する際に、「分離発展（Separate Development）と呼ばれるようになる考え方が、一九二〇年代のナタール州においてアフリカ人教育をめぐる議論の中で展開されていたのである。そして、ズールー語はズールー人の文化を保ち、伝えるための最も重要な媒体として考えられた。それゆえ、ロラムやマルコムなど歴代のアフリカ人教育行政のトップが、カリキュラムにおいてズールー語教育を重視してきたのである。ズールー人に対するズールー語教育は、現在のズールー人の学生の中で正しいズールー語やズールー文化を理解している者が少ないという前提から始める。一九二〇年代のアフリカ人教員向けの雑誌『原住民教員雑誌（*Native Teachers Journal*）』には、白人入植者や都市での労働の影響によって、本来のズールー人の文化が失われつつあるという危機感を表明する白人・ズールー人両方の論者が寄稿している。「あなたの学生は、このズールー語のフレーズの意味が分かるか」、「英語ではなく、ズールー語で話すことの重要性」など、古く正しいズールー語を提示する記事が多く寄せられている。

主任教育視学官ロラム、そしてマルコムによってズールー語教育のテコ入れがなされた一九二〇年代にズールー語教科書として採用されたのが、ズールー人統治を担う官僚であったジェームズ・スチュアートが書いた歴史教科書であった。スチュアートの歴史教科書は著者名にスチュアートの名前のみ掲げられているが、彼が行政官としての業務に関連して行った首長の系譜などの調査やズールー王家の歴史、伝統的な盾の作り方など過去の慣習など教科書執筆のために行ったズールー人に対する聞き取り内容が記されている。スチュアート自身が文章を考えて執筆した箇所もあるが、大部分は彼が聞き取り内容をズールー語で記憶したままにまとめたノートの文章がそのまま用いられている。ナタール州におけるズールー語教育は、人種隔離政策と親和的な形でズールー人の伝統の保持を目指す政府側の意図を反映していた。ズールー人の歴史と伝統を伝える媒体となったのが、白人行政官であるスチュアート執筆の教科書であったことが、教育と統治のこの結びつきを象徴している。それではこの「母乳として飲んだかのように」ズールー語を話す白人行政官は、どのような経緯でズールー語の歴史教科書を執筆することになったのだろうか。

スチュアートは一八六八年、ナタール植民地の首都ピーターマリッツバーグで生まれた。イギリスからの入植者であった父もアフリカ人に関する法の執行を担う執務官という植民地行政の末端を担う官吏であった。父の仕事の関係で英語を話す白人よりもズールー人に囲まれて育ったスチュアートはズールー語への強い関心を持ち始める。

一八八一年、父がイギリス軍とアフリカーナーの勢力争いである第一次ボーア戦争で戦死したのに伴い、母に連れられてイングランド・サセックスに行き、一八八六年まで同地で教育を受ける。同年にナタール植民地へ帰郷後、短期間郵便局で働くが、一八八八年、ズールー戦争によって新しく併合されたズールーランドの中心地エショウェの執務官付きの事務員になる。スチュアートは、ズールー語が堪能なことから重宝され、原住民統治行政で出世を重ねていく。一八九五年に執務官になり、一九〇六年の人頭税に反対したアフリカ人首長のバンバタが起こした反乱の鎮圧に従軍した際には公式の報告書の執筆を依頼され、一九〇九年にナタール植民地の原住民問題担当副長官になり、スチュアートの官僚としての有能さを示している。しかし、一九一〇年にそれまで四つの州に分かれていた南アフリカが連邦として一つになると、スチュアートは生まれ育ったナタール州を離れ、トランスヴァール州に位置する行政首都のプレトリアに居住するようになる。そしてスチュアートはその後すぐの一九一二年に辞職し、ナタール州に戻っている（理由は分かっていないが、スチュアートのズールー語のノートを英訳した研究者は、ズールー語歴史教

表1　スチュアートのズールー語教科書における Izifundo（Lessons）の種類

教科書名 / Izifundo の種類	Izindaba（内 JSA での典拠が判明しているもの）	Izinganekwane	Izibongo	Iziga	Izifundo の合計
uTulasizwe	36（31）	5	5	1	47
uHlangakula	27（23）	4	8	1	40
uBaxoxele	32（27）	0	16	2	50
uKulumetule	35（29）	0	10	2	47
uVusezakiti	40（20）	12	3	2	57

各教科書の内容より筆者作成。ただし、James Stuart Archive 内の典拠の有無については、John Wright［2021］Tracking down the Sources of James Stuart's IsiZulu Readers. *Journal of Natal and Zulu History* 34 を参照した。

科書に執筆に時間を割くためではないかと推測している）。しかし、アフリカ人統治行政の仕事と全く切れてしまったわけではなく、一九一六年から一七年にかけては、第一次大戦時に南アフリカ軍に雇われたアフリカ人原住民派遣団（戦闘はしない）に伴いフランスに滞在している。官僚としてのスチュアートの経歴は、ズールー語とズールー人の文化に精通した人物として重宝され、順調に出世を重ねてはいるものの政策の大枠に影響を与えることはないという点で地味なものであった。

そのようなキャリアを歩んだスチュアートが生涯をかけた仕事として選んだのが、ズールー人の過去と伝統を記録し、保存することであった。現在はジェームズ・スチュアート・アーカイブとして刊行されているスチュアートのノートには、彼が書き記したズールー人の歴史や文化に関する事細かな情報が含まれている。このアーカイブは、スチュアートが残したズールー人の歴史・文化に関するものを中心とした大量のノートを中心としている。ノートの数は一〇〇冊以上に及び、講演の下書きなども含まれているが、大部分はズールー人からの聞き取りの記録である。ノートには、ズールー人男性を中心に二〇〇名以上からの聞き取りの内容が事細かに記載されている。スチュアートのこまめな性格が伝わってくるとともに、口語表現も含めて、ズールー語で聞き取ったままに書き記すこの言語への堪能さがわかる内容になっている。果たして、このような日々の記録からスチュアートは何を切り取り、学生が学ぶべきだと考えるズールー人の歴史を抽出していったのだろうか。

3　スチュアートの歴史教科書

スチュアートは、一九二〇年代に五冊の教科書をズールー語で執筆し、すべてロンドンの出版社ロングマンから出版した。(1) それぞれの教科書は、五〇前後のイシフンド（isifundo）と呼ばれる「課」から成っている。イシフンドは、スチュアート自身の分類に従うならば五つの種類がある。歴史（イジンダバ）、民話（インガネクワーネ）、頌詩（イジボンゴ）、ことわざ（イザーガ）である。具体的に注を付けて示すということはしていないものの、スチュアートはすべてのイシフンドは書物、あるいはアフリカ人からの聞き取りに依拠していると書いている（各課の割合については、表1を参照）。これらの分類の境界は、ときに曖昧である。また歴史に関しては、ズールー王家を中心とする狭義の歴史と、枕や盾の作り方、戦闘の仕方などズールー人の伝統を説明したものの二つに分けることができる。

スチュアートの教科書の内容面には、ズールー王家の重視とズールー人の民族的な一体性の強調という二つの結びついた特徴をあげることができる。スチュアートの教科書を読んでいて、よくぞこれだけズールー王に関する話を集めたものだと彼の徹底ぶりに感慨を抱くこともある。それらの中には、例えば歴代のズールー王の残虐さを強調する老人の回想がある。ズールー王のディンガネ（図4）は、若者は兵役の期間を終えるまで結婚してはならず、女性は結婚相手を兵役を終えた三〇代後半の歳のいった男からしか選ぶことができないと定めた。ある課では、この決まりを破った若者たちをズールー王が殺すことを命令し、首を刎ね、男女の顔を向かい合わせに置く凄惨な場面が延々と描写される。一方で、ズールー王シャカ（図5）の

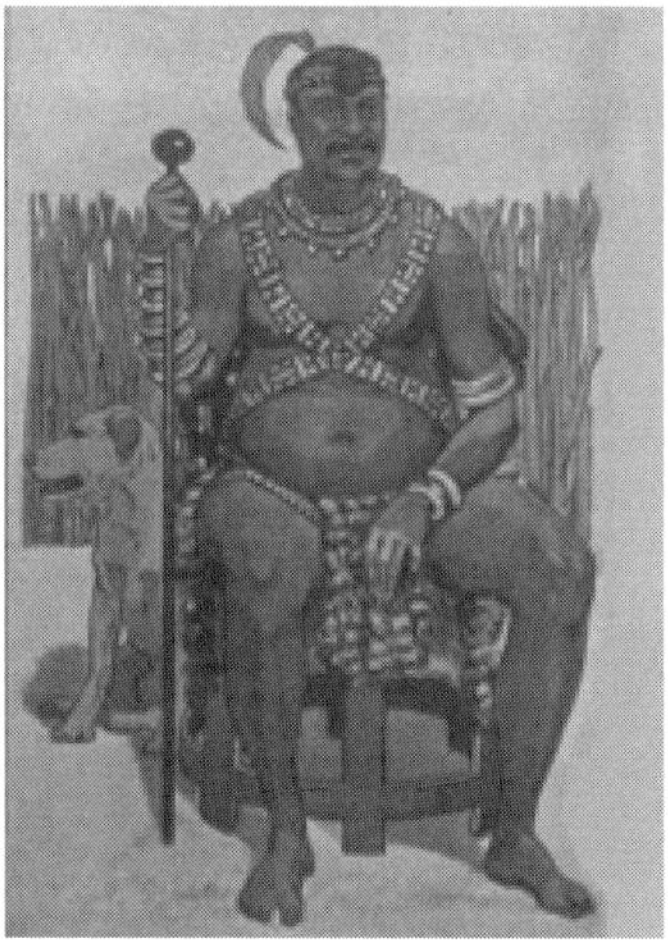
図4　ディンガネ（出典：Stuart 1924b: 2）

図5　シャカ（出典：Stuart 1934: 2）

征服戦争が、同時に征服した人々をズールー人として受け入れることで民族の一体性が築かれていく過程を説明した課もある。また後に取り上げるニャンベジの読本など他の本では寓話として取り扱われている話（ある男が牛を持ち上げて走り、褒美として牛をもらう）も、それはズールー王シャカの時代であり、男はシャカから牛をもらったと背景にズールー王を加えることで、ズールー人にとっていかにズールー王が身近な存在であったかを意識させる。

民族の一体性とその境界を強調する上では、同じングニ系の言語であるコーサ語とズールー語が異なると強調することは重要だったのであろう、スチュアートは何度かその違いを説明している。例えば初代原住民問題長官のシェップストーンの会話で、わざと彼が「私」のことをンディ（ndi）と言っていることを指摘し、コーサ語を話して育ったシェップストンがズールー語の「私」ンギ（ngi）とは言っていないことを説明する。あるいはまた、宣教師コレンゾがズールー語で書いた文章を取り上げて、その中にコーサ語の単語が混ざっていることを指摘する。コレンゾの文章を批判したのと同じ課（書き言葉としてのズールー語を扱う課である）でズールー王家の話すズールー語を基準とすべきだと主張するスチュアートの議論からは、ズールー語を通したズールー民族の境界の設定という考え方が窺える。

スチュアートの教科書が使用されているのは、今の五年生に当たるスタンダード三からである。しかし、それ以前の学年においてもズールー語の授業内容には、スチュアートの教科書が関係していた。スチュアートの読本は、学生をズールー語で読むことに慣らすという目的で使用されただけでなく、一九世紀のズールー人の歴史を教えるための教材としても利用された。一九三三年の初等教育用のシラバスは、ズールー語の授業時に、スチュアートの読本に基づいて教員がズールー人の歴史を教えるように促している。具体的には、教師はスチュアートの執筆したヴセザキチとトゥラシズエの二つの読本の中の歴史を扱った項目に依拠して学生に説明するようにと指示している。一九三一年のナタール州のアフリカ人教育に関する統計（教育視学官のレポート）では、ヴセザキチとトゥラシズエを歴史教科書として使用するよう指定されているスタンダード三及びスタンダード四の学生数は、それぞれ三二四四名、二二二四名となっている。一方で、歴史という科目が始まるスタンダード三以前の学生に対しては、教師がスチュアートの教科書の内容に基づいて学生に話をするように求めており、その学生数は、現在の一年生に当たる幼児クラス（Infant Class）一が二万一四六八名、幼児クラス二が八七四一名、現在の三年生にあたるスタンダード一が六七〇六名、スタンダード二が四一九五名となっている。教員や事務員の予備軍である高学年の学生の読本としてだけではなく、なんとか文字が読める程度の低学年の学生にも教師がその内容を語ることを求めることで、ナタール州におけるアフリカ人教育においてはスチュアートの歴史教科書に代表されるズールー王家を中心とした歴史観の大衆への浸透が意図されていたことが分かるのである。

IZIBONGO ZI KA TSHAKA

uDhlungwane ka Ndaba !
O dhlung' emanxulumeni,
Kwaze kwa-s' amanxulum' e sibikelana.
uSitshaka ka si tshayeki ;
uNodum' e hlezi ka Menzi ; [1]
Ilemb' e l'eq' amany' amalembe.[2]
uTshaka ngi y'esaba ukuti nguTshaka,
uTshaka kwa ku inkosi ya seMatshobeni.
Inkom' e kal' eMtonjaneni,
Izizwe zonke zi yi-zwil' ukulila ;
I-zwe uDunjwa, wa seLuyengweni,[3]
Ye-zwiwa uMangcengeza, wa kwa 'Kali.[4]
Uteku lwa bafazi, ba kwa Nomgábi,[5]
Be tekula be hlez' emlovini,[6]
Be-t' uTshaka ka ku-busa, ka ku ba Nkosi,
Kanti ilap' e za ku-netezeka.[7]
Umlilo wo 'tate, ka Mjokwane !
Umlilo wo 'tate, u buhanguhangu ;
O tshis' izikova,[8] e zi seDhlebe,
Kwaye kwa-tsha ne zi seMabedhlana.

図6　シャカのイジボンゴ（出典：Stuart 1934: 17）

ズールー人の過去を伝える上で歴代のズールー王に関する事績と同様に重要視されたのが、イジボンゴと呼ばれる歴代王を讃えるために暗誦される詩である。スチュアートの教科書の中で一番初めに出てくるイジボンゴは、ズールー民族を拡大し、強大な王国を築いたシャカのものである（図6参照）。

ウジョングワナ・カ・ンダバ、ウジョングワナ・ヲ・ムベレムベレ
ンダバの息子ジョングワナ、ムベレムベレの戦士たちの中で

も勇敢な者、
大きな家の中で暴れ回り、家を逆さまにしてしまった者、
メンジの息子、ウノドメシェジ（座っているにもかかわらず、目立つ者／その場に居ながらにして、崇められる者）

このようなシャカの性格とその事績を辿る朗誦が続くのである。

スチュアートの読本を読んだ学生たちは、これら歴代王のイジボンゴを暗誦させられたのではないかと考えられる。実際に時代は下るが、先述したショニパは、彼女の叔母から学生時代にイジボンゴを暗唱させられたと聞いていると話してくれた。

あるいは歴史的な話以上に、収録されたイジボンゴの方が、歴代王に関する記述よりも、その後のズールー語による歴史書の影響が大きいと考えることができるかもしれない。

ズールー人教員ポール・ラムラもズールー人の伝統を扱った『ズールー人の伝統（Isabelo sikaZulu）』の末尾の謝辞において、スチュアートに言及し、ズールー人は、ズールー人の過去に関する話を収集したスチュアートに感謝すべきであると述べ、次のように書く。「私は、ズールー人はJ・スチュアート氏の尽力によく感謝すべきであると考える。彼は、私たちの物語を収集し、また首長の頌詩（イジボンゴ）を整理し、それらを本にまとめることに尽力した。私自身、彼の集めた頌詩と彼の本が築いた道から出てきたとも考えられ、そのため私は彼に十分に感謝することなどできない。なぜなら、他の学生と同様に彼の本にすっかり馴染んでしまっているのだから。実際、従わなかった少数の例外こそあるが、私は〔この本で〕彼の集めた頌詩に従った」。彼の謝辞は、首長のイジボンゴも含めたスチュアートの読本の内容が学校教育を通じてズールー語話者の間に膾炙していたことを裏付けている。スチュアートが収集し教科書に記載したイジボンゴは、次節で取り上げるズールー語作家ニャンベジが収集した歴代首長のイジボ

ンゴ（Izibongo zamakhosi）』においても用いられている。また一九七〇年に来日したズールー語詩人マジシ・クネーネがズールー王シャカのイジボンゴを朗誦した際にも、スチュアートが記録した内容に基づいていた。スチュアートの歴史読本は、後々まで深い影響をズールー語作家・詩人に与えることになったのである。

スチュアートの教科書が利用されていた科目の名称はズールー語文学・歴史であり、教科書としては、歴史書、歴史小説、及び一九二〇年代・三〇年代という同時代の南アフリカを舞台とした小説が用いられていた。原住民教育省の通知からは、各学年の指定教科書において、①歴史書あるいは歴史小説、②同時代を舞台とする小説の二つに分けた上で、前者からはズールー人の歴史と伝統を、後者からはズールー人として現代で生きる上での倫理を学生が読み取ることが期待されていたことが分かる。

もちろん、スチュアートがズールー人の支配のみを考えてズールー人に聞き取りを行い、教科書を執筆していたというわけではない。聞き取りの記録を残し、教科書を編んでいく際の内容の取捨選択からは、スチュアートのズールー人の過去に関する素直な興味関心を感じ取ることができる。ときにはそれは、ズールー人から見たナタール植民地の歴史という形で、彼の属する白人入植者社会の視点を相対化するものにもなっている。

図7　ムパンデ（出典：Stuart 1924a: 2）

例えば、彼は、四冊目の教科書クルメツーレの中で、兄であるシャカを暗殺し、王になったディンガネが築いた王都ングングジョンブ（現在のピーターマリッツバーグの近く）を描写する中で、「ウクダブーカ・イゴーダ（草で紡いだ紐がプッンと切れる）」という表現を説明している。この表現は、ディンガネを追い落とすために彼の兄弟であるムパンデ（図7）が白人入植者の集団アフリカーナーと協力したことを指している。草を編んで作った紐であるイゴーダはズールー王の連綿とした繋がりを象徴しており、ムパンデはズールー王の継承争いに白人入植者を巻き込むことで、ズールー王家が支配者として君臨する政治のあり方を終わらせてしまったのだと暗示する。教科書の元になった聞き取りのノートには、インフォーマントの一人ラザラス・ムカバが使った表現「ウクダブーカ・イゴーダ」が強烈に印象に残っていると興奮気味に書き記している。ズールー人の歴史の見方を示す話し手を見つけたことへの新鮮な喜びが感じられる。

しかし、全体として見ればスチュアートの歴史教科書は、ズールー人の有力者を首長として植民地行政の一翼を担わせる間接統治に役立つ歴史観を学生に伝えるための素材であった。また同時代を対象とする小説は、ヨハネスブルクに代表される都市が犯罪に満ち、主人公を倫理的に堕落させる場所であると描くことで、本来住むべきである農村というイメージを強める。R・R・R・ジョモやE・H・A・マデなど多くのズールー語作家に見られるこの主題は、労働者としてヨハネスブルクに一時滞在することはあっても最終的にはズールーランドに帰郷することを奨励する点で、人種ごとの居住地域を厳格に分けるアパルトヘイトを裏書きする役割を果たした。

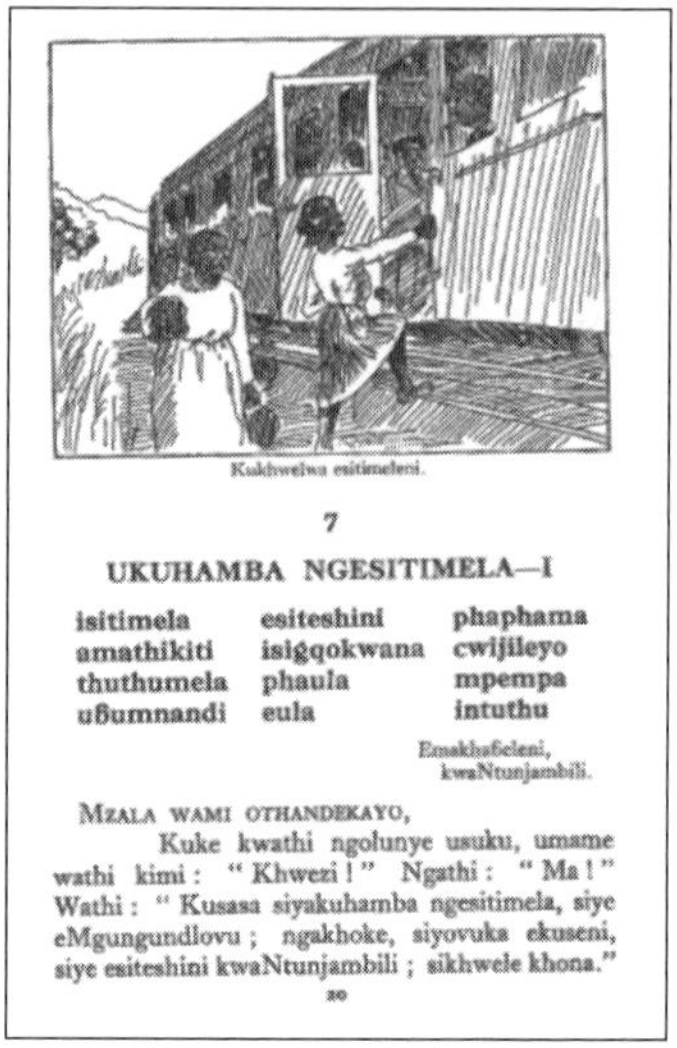

Kukhwelwa esitimeleni.

7

UKUHAMBA NGESITIMELA—I

isitimela	esiteshini	phaphama
amathikiti	isigqokwana	cwijileyo
thuthumela	phaula	mpempa
uɓumnandi	eula	intuthu

Emakhaɓeleni,
kwaNtunjambili.

Mzala wami othandekayo,

Kuke kwathi ngolunye usuku, umame wathi kimi : " Khwezi ! " Ngathi : " Ma ! " Wathi : " Kusasa siyakuhamba ngesitimela, siye eMgungundlovu ; ngakhoke, siyovuka ekuseni, siye esiteshini kwaNtunjambili ; sikhwele khona."

20

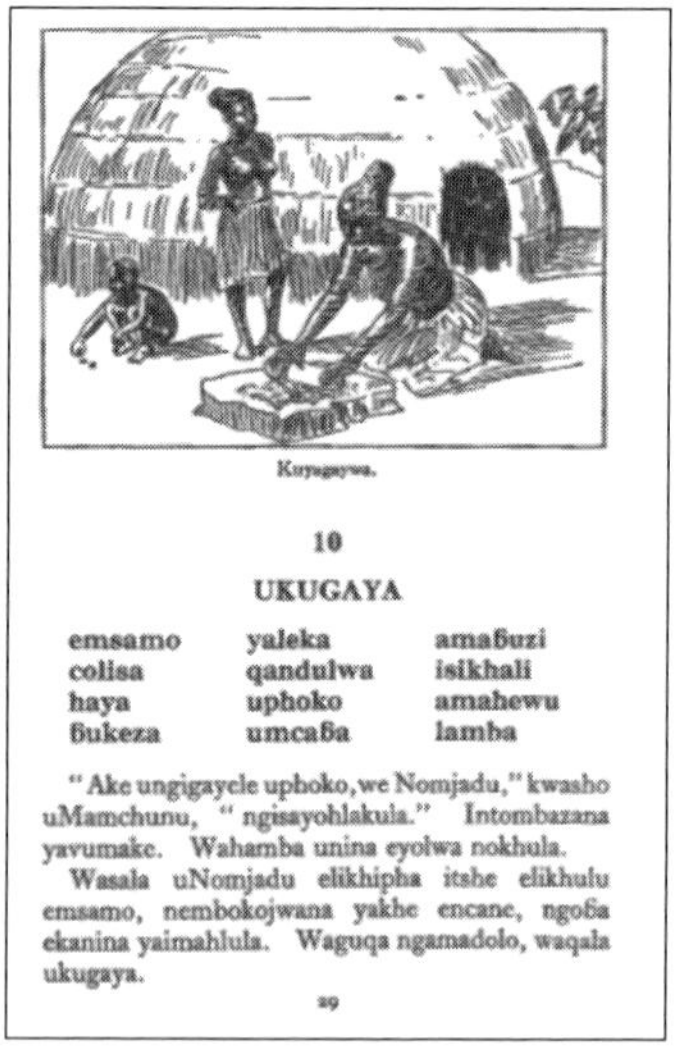

Kuyagaywa.

10

UKUGAYA

emsamo	yaleka	amaɓuzi
colisa	qandulwa	isikhali
haya	uphoko	amahewu
ɓukeza	umcaɓa	lamba

" Ake ungigayele uphoko, we Nomjadu," kwasho uMamchunu, " ngisayohlakula." Intombazana yavumake. Wahamba unina eyolwa nokhula.

Wasala uNomjadu elikhipha itshe elikhulu emsamo, nembokojwana yakhe encane, ngoɓa ekanina yaimahlula. Waguqa ngamadolo, waqala ukugaya.

29

図8　上：初めての列車への乗車、下：もろこしの挽き方を説明するセクション（出典　Malcolm 1935: 20, 29）

一九二〇年代から四〇年代にかけてナタール州におけるアフリカ人教育行政のトップの役職主任教育視学官であったダニエル・マルコム（彼自身もズールー語に堪能な白人官僚の一人である）がズールー語で書いた教科書『エザセカヤ（故郷にて）』は、人種隔離との親和性を特に強く示している。ズールー人の伝統生活を事細かに記述する一方、鉄道や大都市を経験する子どもたちを描くことで、ズールー人の故郷と呼ぶべき古き良き生活と一時的な滞在にとどめるべき都市の生活を対比させて描いている（図8）。

ズールー語で本を書くということが、教科書として書くこととほぼ同義であった時代に、ズールー語作家たちは、白人行政官が設けた制約に直面することになった。それは、伝統や歴史を扱うべき対象として定め、また人種隔離政策に抵触しない倫理観を説くべきだというズールー語で書く際の暗黙の基準である。次節では、二〇世紀後半の代表的なズールー語作家であるシブシソ・ニャンベジが乗り越えなくてはいけないこの障壁に対して、どのように対峙していったのか、考えてみたい。

三　民族語としてのズールー語

1　ニャンベジの苦闘

ヨハネスブルクは、歩くことが難しい都市だ。少なくとも「白人」にとっては。研究所の博士学生ルネと話をしていて、大学の北側は歩けるけれど、南側は歩けないと言われる。しかし、南側に全く出ないわけではない。大学の南のジョリセン通りに安めのスーパーマーケットのピック・アンド・ペイが近くにあるので、たまに買い物をしていた。ジョリセン通りをそのまま歩いていけば、犯罪に満ちた場所として悪名高いヒルブロウを訪れることもできる。

『私たちのヒルブロウへようこそ』と題された小説が二〇〇一年に出版された。著者はヴィッツ大学のアフリカ文学科の講師だったパスワネ・ムペである。もちろん、ヒルブロウにも人々が住んでいる。特に他のアフリカ諸国からやってきた移民たちが、外国人排斥の恐怖を抱えながら生活している。そして、ムペと同じように南アフリカの他の地域から大学進学を期にヨハネスブルクに上京してきた金のない学生たちも住んでいる。ムペは学生として学び、また講師として教えたヴィッツ大学やイギリス留学での体験、そしてヒルブロウに住んでいたという経験を複数の登場人物に投影しながら、アパルトヘイト後の生活、エイズや外国人排斥などさまざまな課題を描き出す。

この小説の中でムペは登場人物の一人、アフリカ言語で書かれた本も扱う出版社に勤めている女性に「アフリカ言語で書くということがこんなに呪われていることであったとは」という嘆息のセリフを吐かせている。彼女のセリフの背景には、アフリカ言語で書くということは、すなわち教科書として用いられることを想定して書くことであり、子ども向けの内容を、子ども向けの言語で書かなければならないのだという気づきがある。ムペはこの小説を、ヨハネスブルクの危険な地区ヒルブロウを扱ったローカル色の強い作品を当然ながら英語で書いた。主要な登場人物五人のうち四人が死ぬ（二人は自殺、一人は交通事故、最後の一人はエイズで死ぬ。そして残された一人は精神的におかしくなる）、ヨハネスブルクで生きることを、生き生きと描いた小説である。そして、自身の体験を投影した登場人物たちの人生が今度は書き手に乗り移ってきたかのように、ムペは三四歳の若さで亡くなってしまう。

本節で取り上げるニャンベジは、ヴィッツ大学のアフリカ文学教員という点でムペの先輩だ。ニャンベジは、ムペと違って長生きする。そしてムペと違って小説家にとって呪われた言語であるアフリカ言語の一つズールー語で三つの長編小説を発表する。

ムペと同様に早死にしたのは、ニャンベジの前任者であるB・W・ヴィラカジである。骨髄炎で四一歳の若さで死んだヴィラカジの仕事の多くをニャンベジは引き継いでいる。ズールー語を語学として主に白人の学生に教えること、ズールー語を研究し、辞書を編纂すること、そしてズールー語で詩や小説を書くこと。ニャンベジはヴィラカジの職名「言語助手（Language Assistant）」も引き継いでいる。アパルトヘイトが終わった後にヴィッツ大の教員となったムペの職名が講師（Lecturer）であったことを考えれば、この奇妙な職名「言語助手」は、どこからきたのだろうか、という疑問が浮かんでくる。

研究室を出て、アフリカ研究関連の史料と研究書を集めたウィリアム・カレン図書館に向かう途中で異様な光景を目の当たりにした。普段は大学生たちがサッカーをしたり、寝転んでおしゃべりをしているヤードに中高年の白人の男女が所狭しと集まっている。一〇〇人、二〇〇人あるいはもっといるのかもしれない。ヤードの脇に設置されたテントには、「ホームカミング」と書かれた垂れ幕が下がっている。三〇年前か、四〇年前か、もしかすると五〇年以上前の大学生たち。アパルトヘイトが終わって四半世紀が過ぎて、多様な人種の教職員・学生が行き交う普段のキャンパスに慣れてしまうと、過去にタイムトラベルしたかのような感覚に陥ってしまう。ヴィッツ大学が「白人のための」大学だった頃に。

本節で主役であるズールー語作家シブシソ・ニャンベジは、一九四五年から一九四六年にかけては学生として、一九四七年から五四年にかけては教員としてヴィッツ大学に在籍した。白人男性がほとんどの教員の中で、黒人のニャンベジは異様な存在であっただろう。キャンパスにアフリカ人がいなかったというのではもちろんない。アフリカ人の労働者たちがいなければ、一体誰が食事を作り、あるいは掃除をし、ゴミを捨てていたというのだろうか。ニャンベジの特異さは、彼が白人の学生にも教える教員であったことにある。

先述のようにニャンベジの職の名称は講師ではなく、言語助手であった。この名称は、ニャンベジの指導教官の一人であり、前任者でもあったズールー語詩人B・W・ヴィラカジを採用した際に起きた騒動に起因している。ヴィラカジの優秀さを見抜いたバンツー研究学科長の言語学者のC・M・ドークは、ヴィラカジにズールー語・

ILANGA, MAY 27-29, 1982

UPROFESA NYEMBEZI UPHINDE WAHLABANA NGEZIQU ZOBUDOKOTELA

GUY VEZI

ETHEKWINI — Omunye wezingwazi ezaziwa kakhulu ekulobeni izincwadi zoLimi lwesiZulu, uProf. C. L. S. Nyembezi, wase-Edendale eMgungundlovu, uphinde wahlabana ngeziqu zobudokotela okwesibili ngenye yamayunivesithi akuleli.

UProf. C. L. S. Nyembezi.

写真5　ニャンベジの名誉博士号授与を伝える新聞記事（出典：*Ilanga*, 1982 May 27-29）

英語辞書の編纂の仕事に加わってもらうとともに、バンツー研究学科の講師としての採用を打診した。この人事に関して、他の白人の教員から反発が出たのである。すなわち、アフリカ人をその後に教授へと登っていくこともあり得る、白人と同等の地位である講師として採用するのはいかがなものかと。どうしてもヴィラカジを採用したかったドークが苦肉の末に編み出したのが、教員ではあるが講師ではない、昇進の可能性もない、言語助手という職であった。「言語助手」という職名は、研究においてアフリカ人は白人の研究者に情報を提供するインフォーマントにはなれるが、知識を生産する側には回れないという、アパルトヘイト期の南アフリカの学術的な状況を反映した名称だ。

ニャンベジは、人種隔離政策の中でも順調なキャリアを歩んできた。一九一九年にズールーランドのババナンゴに牧師の父親、学校教員の母のもとに次男として生まれ、五人きょうだいで、幼くして亡くなった長女を除く四人兄弟は当時のアフリカ系としては非常に珍しく、皆高等教育を受けている。シブシソはその中でも早熟で秀才と家族の中でも考えられており、一二歳で教員養成課程に入れるように（すでにスタンダード六（八年生）まで修了していた）、母親がナタール州の主任原住民教育視学官であったダニエル・マルコムに掛け合って特例で入学できるようにしてもらったというエピソードを持つ。その後教員生活を経て、教育省の奨学金でフォートヘア大学に入学し、ズールー語・英文学の学士、ヴィッツ大学でズールー語の博士号を取得する（写真5）。指導教員の一人でもあったズールー人講師ヴィラカジの死去に伴い、一九四七年にヴィッツ大学で言語助手に就任したのは説明したとおりである。

ニャンベジは一九五五年に、南アフリカにおけるアフリカ人向けの高等教育機関フォートヘア大学に移り、教鞭を取る。一九六〇年、アパルトヘイト政権がフォートヘア大学をコーサ人のみの大学として「部族化」することに抗議し、辞職する。ニャンベジは自身の母校であるフォートヘア大学が、さまざまな民族のアフリカ人学生、インド系や混血のカラードと呼ばれる人々、そして少数の白人とさまざまな人種・民族の学生と肩を並べて学ぶ多文化的な雰囲気を持っていたことを誇りにしていた。しかし、このような多人種が同じ場で学ぶ環境は、民族の分断を目指すアパルトヘイト政策にとっては、分離（Apart（分けられた）-heid（状態））を理想とする政策への反証となっているという点で障害以外の何物でもなかった。ニャンベジはフォートヘア大学を辞任したのちは大学教員には戻ることなく、ズールー語教科書を出版していたシューター・アンド・シューター社にアフリカ言語出版部門の編集者として勤務する。人種隔離政策に制約された人生だと、まずは言うことができるだろう。そして、その制約は彼のキャリアだけではなく、作品にもついて回る。

ムペが「呪われている」と書いたアフリカ言語で文学作品を生み出すことの制約をニャンベジも感じていた。一九六一年にズールー文学が置かれた状況を整理した講演でニャンベジは、学校教育で使われるということを想定して書かなければならないという意識が、文体という面でも、また内容面においてもズールー語小説を発展させようという気概を削いできたと指摘する。結果として、ズールー文学の現状は、ニャンベジにとって満足できないものであった。登場人物たちの描写には深みがなく、ストーリーを進めるためにとりあえず作られたような印象を与える（「出来事を引っ掛けるためのただのくぎ」とニャンベジは表現する）。そして同じようなテーマが繰り返される。例えば、田舎で育った若者が都会に出て悪い影響を受けるというストーリーが使いまわされる（都会の側から田舎を批判するムペの小説は、この主題の変奏と考えることもできるだろう）。

学校教育のための教材としてのみしか出版できないという状況はズールー語作家にとって障害となっていただけでなく、ズールー語で書かれた作品に対する読者の姿勢にも影響を与えていた。ニャンベジはズールー語文学が学生向けにしか書かれていないことが、ズールー語作品を子ども向けの物語と同一視することにつながっていると指摘する。ヨーロッパ言語で書かれた作品と比べて、ズールー語作品は、執筆言語がズールー語であるというその事実によって劣ったものとされてしまうのだ。そして教室でズールー語作品を読む（読まされる）学生たちも真剣な読み方をしていないとニャンベジより約二〇年前にズールー語作品の現状をまとめたヴィラカジは苦言を呈する。教育省の設定する試験に合格することだけを考えて、教師や試験官が定めた正解にたどり着けば良いというおざなりな読み方をしているのだ。

2　ニャンベジの達成

ニャンベジの傑作『我が子よ！、我が子よ！（ムンタナーミ！、ムンタナーミ！）』も学校教育での使用を前提に執筆された小説である。教育省の通知で確認できる限りで、一九五〇年に出版されたこの小説は一九五二年と一九五三年の教員養成のコースでの教科書として使用されている。実はニャンベジのこの作品も、都市に出てくる若者を扱っている。親に非難されて家を出た青年が、都会で苦労し、改悛して家に戻ってくる「放蕩息子の帰還」という使い古されたテーマを用いており、オリジナリティが無いと判断してしまうかもしれない。ニャンベジのこの作品はしかし、ズールー文学における画期的な作品として評価されているのである。ナタール州教育視学官で、ズールー語文学の研究者でもあった先述の教育視学官マルコムは、登場人物の緻密な描写が、この作品をこれまでのズールー語作品を大きく超える水準に高めていると指摘する。教育視学官であったマルコムも評価していることからも分かるように、この作品の成功は、学校教育で使われるための本という枠組みからの逸脱としてではなく、むしろ既存のテーマを利用しつつ、想定される主題や物語上の出来事、その意味づけを少しずつずらしていくことで文学作品としての質を高めていくというニャンベジの戦略に帰するができる。以下、この小説のあらすじを紹介しつつ、この仮説を検証しよう。

主人公のジャブラニ(2)は、学校からの帰り道に友人と一緒にタバコを吸おうとしているところを兄に見つかってしまい、親に告げ口をされる。体罰を含む叱責を受けたジャブラニは更なる非行に走る。彼はタバコを吸い、酒を飲むようになる。友人の金を盗み、さらには郵便局で他人の小切手に偽ってサインし、不正に金を引き出すようになる。彼は警察に捕まり罰金刑を受ける。親から勘当されたジャブラニは行き場を失い、知り合いに出会うことのなさそうな大都市ヨハネスブルクを目指す。収入のないジャブラニは犯罪組織の末端となり、殺人まで犯すことになる。しかし、ここで転機が訪れる。ジャブラニは、罪の意識を抱くようになるのだ。心優しい恋人アリスの勧めでジャブラニは自分の罪を牧師に告白し、警察に出頭する。物語はジャブラニが収監され、数年が経ったところで終わる。三人の子どものうち、二人は立派に成長した。母親はいまだに出てくることができないもう一人の子どものことを思う。人を殺したとしても彼は「我が子」であるのだと。

一見すると、青年の成長を主題とした学校教育に適した教材のように読めてしまう。しかし、丁寧に見ていくと、ニャンベジが教材として含まれるべきだと期待されている要素をうまくずらしつつ叙述しているのが分かる。物語のはじまり、主人公のジャブラニが父親から叱責を受け、その後非行に走る場面にすでにそのような意図的なずらしを見てとることができる。兄のムボンゲーニが帰宅途中のジャブラニが同級生のマンジャからタバコを受け取ろうとするのを見て、父親に言いつけるぞと忠告する。この場面では友人からタバコを勧められて吸ってみようかと迷うジャブラニの心のうちが描かれている。吸う方に傾いてはいるがまだ決心はついていない、そのような状態を兄に見つかってしまったのである。それゆえ父親のムチによる体罰は、まだなされていない罪への不当な罰として感じられたのである。ニャンベジは、罪の結果として罰を受けるという倫理的な期待を曖昧にする形で物語をはじめるのだ。

彼からすれば不当な罰を受けたことへの反発から、ジャブラニは親の期待をことごとく裏切り、遂には家を出て行く。知り合いに会うことがないだろうとやってきたヨハネスブルクでジャブラニを待っていたのは過酷な運命だった。白人のための都市であるヨハネスブルクには仕事を持たないアフリカ人が居住することはできない。住む場所と仕事を与えたのは、ギャングだった。ツォチと呼ばれる荒くれ者の一員として（第一節でユニスがこの言葉はツォチタールだから覚えなくて良いといったときのツォチタール、すなわち「ツォチ（tsotsi）の言葉（taal）」の語源である）、ジャブラニは犯罪を重ねる。遂には人を殺す。売り上げが落ちたシャビーンと呼ばれる黒人向けの飲み屋のオーナーが、人寄せの妖術を使うためにギャング団に死体の一部を持ってくるように依頼する。下っ端のジャブラニは、言われたままに少年を殺す。ジャブラニは自分が殺した少年を忘れることができない。ジャブラニは罪の意識に囚われる。ジャブラニが、自分には打ち明けることはできないにしても何か精神的な重荷を抱えていることを感じ取ったアリスは、牧師に相談してはどうかと諭す。

牧師への相談が契機となる物語の終わり方にも曖昧さが伴う。最初は自分が離れていこうとした家族、熱心なキリスト教徒であった両親を思い起こさせることから教会に近づくことも拒んでいたジャブラニも最後には牧師に自分の行いを懺悔する。ジャブラニは出頭し、収監されることになる。最後の章でもジャブラニはまだ家族の元に帰ることができていない。小説は、少し老いた母親が堀の中の息子を思い、悲しげな声で「私の子ども、私の子ども」と涙を流しながら嘆息する場面で閉じる。

精神的には、息子は帰還を遂げたと考えることができるだろう。牧師に自分の罪を伝えることで、逃れようとした厳格な両親の元に。しかし、彼はまだ収監されたままだ。教訓としてこの小説を読むとすれば、両親から離れて都会に出る若者という同様のテーマを扱い、ニャンベジの小説以前に教科書として用いられていたズールー語詩人・作家のマデの小説『ハリスデールの相続人』が改心した息子が父親の元に戻ってきて農場で働いている場面で終わるのと対照的である。殺人という乗り越えがたい罪を「我が子」に背負わせることでニャンベジは、この小説を若者の成長を描く学校教材以上のものにしているのである。

内容面においては、これまで書かれてきた小説と同様の主題を扱いつつも、教訓的な物語を乗り越える視点が見られた。それでは、主任教育視学官マルコム自身が称える登場人物の性格の機微についてはどうだろうか。この点で注目したいのが、タイトルでもある「我が子よ！」という叫びである。教訓として読まれるために書かれた物語としてこの小説を読むと、主題となるのはジャブラニの改心である。しかし、この小説において成長するのは、主人公だけではない。両親も変わる。父親は問題児の次男が家を出ていく前に妻に不平を漏らす。他人の金を盗み、さんざん自分に迷惑をかけて、それでいて自分の息子だというのだ、と。父親は息子に学校に戻るように言う。そして、自分の命令に素直に従えないのなら家を出て行けと告げる。息子は出ていく。両親は息子がヨハネスブルクに行ったことを知らない。しばらくして、長男のムボンゲーニが、ナタール州最大の都市、港町のダーバンでジャブラニ・ジャミニという次男と同姓同名の人物が殺人容疑で逮捕されたという記事を見つける。父親はダーバンに行き、拘留されている男の父親であると警察に告げ面会する。男は、彼の息子のジャブラニではなかった。しかし、父親は自分がどれほど息子を気にかけているのかを理解するようになる。

息子の恋人アリスからの手紙で、ジャブラニがトラブルを抱えていることを知った両親は、ヨハネスブルクに向かい、息子と彼が侵した罪に対峙することになる。タイトルの「我が子よ！」という叫びは示唆的だ。タバコを吸う、金を盗むという父親から見て道に外れた行為をジャブラニが犯したときには、父親はジャブラニが自分の息子であることを呪う。しかし、殺人という取り返しのつかない行為に及んだとき、ジャブラニは自分の息子でしかあり得ないことが意識されるのだ。この小説の登場人物に、これまでのズールー語小説にはない深みを生み出しているのは、複数の視点を織り込みながら話が進んでいく叙述のスタイルである。物語が進むにつれて主人公のジャブラニは変わっていく。父親もまた変わる。ジャブラニに判決が下される前日に両親が面会する場面を読むとき、読者は罪を犯したジャブラニがズールーランドで両親の元で暮らしていた時から変わってしまったことを当然知っている。同様にジャブラニに自分の罪から目を逸らすことなく法廷に立てと息子を励ます両親にも変化が生じていることに気付く。

複数の登場人物の視点、そして登場人物間の関係に読者を向けさせるのは、誰がどこにいて何をしているのかという同じ時間を共有しているものの空間的には別の場所にいるということを意識させる記述である。ジャブラニがヨハネスブルクで都市の生活に染まっていく。その一方で、父親はズールーランドを出発し、別のジャブラニとダーバンで面会している。ズールーランドとヨハネスブルクという田舎と都市の対比だけではなく、ジャミニ家の描き方にも空間的な分離が導入されている。夕方ジャブラニが父親の家畜をイシバヤと呼ばれる囲いの中に入れる仕事をしている間に、家の中では両親が彼の非行について話し合う。両親のペットルームで叱責を受けたジャブラニは、その後キッチンで話をしていた彼の兄妹の元に向かう。読者は、自分が今読んでいる場面の外で現在焦点が当たっている人物以外の人々も同時並行して生活していることを意識せざるを得ない。人物描写が「出来事を引っ掛けるためのただのくぎ」以上のものになっている所以である。

一九二〇年代から一九四〇年代にかけて、ナタール州におけるズールー人教育の行政を担ってきたマルコムが、ズールー語文学の水準を高めた小説として『我が子よ!、我が子よ!』を評価するのは、学校教材としての要請に答えながらも同時に文学作品を書くための言語としてのズールー語の幅を広げたニャンベジの手腕によるところが大きい。ズールー語で書き出版するということについて回る学校教育という制約を乗り越えて、ズールー語文学の幅を広げたいというニャンベジの試みはまずは成功したと言えるのだろう。

3　なぜこんなにも拍手が多いのだろうか？

ニャンベジはズールー語で本格的な小説を書くことで、果たしてそれに見合う名誉を得たのだろうか。ズールー語で書くことは、すなわち読者が狭く限定されることを意味した。学校教科書として使われるにしても、潜在的な読者は、アパルトヘイトという格差社会でズールー人の購買力が限られていることを考えれば、少ない。H・I・E・ジョモなど英語で小説を書いたズールー人作家に比べて、ニャンベジが研究の対象になってこなかったことも納得できる（あるいはここに不本意ながら亡命によって英語で作品を発表せざるを得なかったズールー語詩人マジシ・クネーネを加えても良いかもしれない）。ナイジェリアの代表的な作家チヌア・アチェベや、あるいは英語で書くことをやめてアフリカ言語であるギクユで書くことを宣言したグギ・ワ・ジオンゴとは比べるべくもない。

もしかしたらニャンベジはズールー語で書くことによって過小評価されている作家なのではないか。そのように思って彼がズールー人の学生向け（現在の学年では、一年生から七年生まで各学年一冊ずつ出版されている）に書いたズールー語読本イゴーダの中に、読者と同学年の生徒がズールー語で物語を書いて発表したり、あるいは昔話を話したりして、他の生徒に褒められるという場面が多く出てくることが気に掛かる。ズールー語作家として正当に評価されることの難しさを感じたニャンベジが、満たされない望みを読本に書き込んでしまったのだろうか。

この読本シリーズのタイトルはイゴーダである。前節で「ウクダブーカ・イゴーダ（草で紡いだ紐がプツンと切れる）」というスチュアートが取り上げた表現の中に出てくるイゴーダである。伝統をつなぐものとしてのロープが意図されていたのだろう。この点では、ニャンベジの読本は、スチュアートの歴史読本を執筆した際の意図と類似している。ニャンベジの読本にもズールー人の伝統的な生活を描いた場面が多く出てくる。しかし、この読本には、ヨハネスブルクに父親が出稼ぎに行っている家族など現代的な話題も多い。さらには、浮浪者のギター弾きなど、社会の周辺に置かれた人々を温かい眼差しで描く記述にも出会うことができる。

ニャンベジが、学生がこの読本を読むことで、身につけて欲しいと思っていたことはなんだったのだろうか。ニャンベジはズールー語文学研究者から受けた電話インタビューで、次のように説明している。第一にズールー人の文化と伝統を伝えることを強調する。都市で暮らしているズールー人の学生が、ズールー人の伝統や文化的な価値観を失ってしまっていることをニャンベジは嘆く。それゆえにこの読本には、ズールー人の昔話を田舎から転校してきた生徒が、皆の前で発表する話が含まれているのだ。しかし、ニャンベジの希望はそれだけに止まらない。第二に、このズールー語読本を読むことで、ズールー人の学生がズールー語でアクセスすることのできる世界を段階的に広げる試みだったと説明している。すなわち最初はズールー人の伝統を伝えるための話が多く収録されているが、学年が上がるにつれて、例えば、イゴーダのスタンダード四レベルの読本は、ズールー人だけでなく南アフリカの他の民族についての話を多く取り入れている。さらに最終巻のレベル五では、イギリスなど南アフリカ以外の国の話を取り入れ、ズールー語で読むことができる物語や歴史の説明の幅を広げようと試みているのだ。

『我が子よ!、我が子よ!』が、本格的な小説を目指し、都市のくだけたズールー語を積極的に取り入れていたのに対して、イゴーダ・シリーズはあくまでも正しいズールー語で書かれている。しかし、両者に共通する点として、ズールー語で表現できる範囲を広げようという試みであったことを指摘することができるだろう。

インタビューの終わりで、ニャンベジは、ズールー人の文化を保ちたいという希望から、ズールー語・ズールー語辞典を作成していることを述べている。自分のこれまでの仕事の集大成として、長年集めてきた資料を利用して次の世代に向けて受け渡そうとしたのが辞書の作成だったという、ズールー語という言語を愛する小説家に相応しいキャリアの終え方と言えよう。このズールー語・ズールー語辞典に関連して、正しいズールー語を保つことが、言語の「純粋さ」に向かった場合の危険性も踏まえつつ、ズールー語学習の別の側面を扱って、本書も終わりに向かおう。

◆コラム――正しいズールー語とファナカロ

ズールー語作家シブシソ・ニャンベジは出版はかなり古いものの、いまだもっとも詳しく有用な英語で書かれたズールー語文法書・読本の著者でもある。彼はその著書の冒頭で読者を私たち（＝si）に見立てて次のようなアドバイスを記している。

私たちは、きちんとしたズールー語を話したい。私たちは「ファナカロ（Fana Ka Lo）」とは言いたくない。私たちは、ズールー人のように話したい。そのためには、しっかりと励まなくてはならない。注意深く読まなくてはならない。毎日勉強しなければならない。毎日、家でも仕事場でもズールー語を話さなければならない。［Nyambezi 1970: 1］

留学先の大学で筆者がズールー語を話したことをきっかけに、事務職員から「ズールー語を話すのならお前はズールー人だ」といってシブシソと命名されたことがあったが、ニャンベジのアドバイスに従ったおかげで、私は彼と同じ名前を授かることができたのだ、と考えることもできる。ズールー語はズールー人の世界に入っていくための手段なのだ。

しかし、白人がズールー語を学ぶ理由の一つとして、使用人に命令するため、というものもある。この場合のズールー語は、ズールー人が話すズールー語に近づこうという意思はない。ズールー語単語を英語の語順でならべて、これをしろ、あれをしろと命令さえできれば良いのだ。そしてこの命令のための言語がファナカロと呼ばれているものである。

きちんとしたズールー語で書かれた本の中にもファナカロは出てくる。それは多くの場合、話者が尊大な白人であることを示すものである。

例えば私が、最後まで読み通した最初のズールー語の本、『ンバズワナ Mbazwana（訳すとすれば、小さな斧のように鋭い少年）』では、主人公のンバズワナが家族と汽車に乗り、乗車券を要求される場面で乗務員がファナカロを話す。これは強制力を伴った権威としてのファナカロで、黒人から見て逆らえない命令を描くために用いられている。人種の記載は全くないが、南アフリカにおける黒人の抑圧を描き出す場面とみることができる。

ニャンベジは読者（その多くが白人であることが想定される）に「私たちはファナカロ（このようにしろ）とは言いたくない」という。彼が読者にこの一文を読ませたのにはズールー語とファナカロの違いを理解する人であること、そのような人であろうとすることが、差別される側に立つこと、少なくとも立とうとする姿勢を示すことにつながるというニュアンスが込められていると感じる。

ノーベル文学賞を受賞した南アフリカの小説家ナディン・ゴーディマの短編の中でも、ファナカロは印象的に使われている。

彼は英語を身につけながら、同時に仕事の命令が黒人たちにわかるように英語と現地の言葉の混じった言葉の決まり文句をいくつか覚えた。

ファナカロ＝こうしろ、このようにしろ。命令の語彙。そんなわけで最初から彼は、たとえ貧しい外国人でも、少なくとも自分は白人であること、へたな英語であれ命令者のランクから命令を受ける者へ伝える言葉を話す者という立場に立った。これが彼が何者であるかを示す第一の特徴だった。

（「父の祖国」『ジャンプ他十一篇』一〇七―一〇八頁、二〇一四年、岩波文庫）

ファナカロが、言語としての不十分さにもかかわらず命令を下す手段として使われることから「白人」であることを確かめる、入植者の心理を的確に捉えた小説家の筆致だ。

ファナカロは、きちんとしたズールー語ではない。ズールー語学習者であるからには、ファナカロを話してはいけない。実際には私がたとえファナカロを話したとしても、あるいは同じ教室で学んだ英語を母語とする生徒たちが英語の語順でズールー語の単語を並べて話したとしても、ズールー語の教師以外に叱責する人はいない。

しかし、時には「きちんとした」ズールー語を話すことができるかどうかが生死を分けることがある。教室で学ぶ、私を含めた「白人（アベルング）」ではない。ズールー人と同じ黒い人々（アバンツ）にとってである。

おわりに

1　移民排斥

アパルトヘイト終焉後、ヨハネスブルクなど大都市圏を中心に外国人排斥暴動が頻発している。外国人排斥暴動では、アフリカ系の南アフリカ人が他のアフリカ諸国からやってきた人々を、職を奪う存在として問題視し、住居を襲撃し、焼け打ち、暴行を加えた。背景としては、アパルトヘイト後も改善されない経済格差と失業率の高さがまずは指摘できるだろう。二〇〇八年に起きた大規模な暴動では、正確な被害者の数はわからないが、六〇人以上が死亡し、何万人もの人々が住処を追われ、南ア国外に避難したという。この時の暴動では、アレクサンドラという旧黒人居住区（タウンシップ）で、襲撃事件が起き、その後ヨハネスブルクの他地区へ、またダーバンやケープタウンなど他の都市にも広がっていった。この暴動に参加した人々は、襲撃を「家に帰れ作戦（オペレーション・ブエレ・エカヤ）」と名付け、また襲撃対象とした人々を「新参者」（アマゴドゥーカ）と呼んでいた。

これらの襲撃時に使われた言葉がズールー語であることにまずは注目したい。ブエラ（Buyela）は動詞で「ある場所に戻る」。エカヤ（Ekhaya: ikhaya）は名詞で「家」のローカティブ（場所を指定する形）である。アマゴドゥーカ（Amagoduka）はゴドゥーカ（goduka）という「家に帰る」という意味を持つ動詞を「帰るべき場所がある人（igoduka）」と名詞化し、複数形にした形で使っている。ヨハネスブルクではしばしば鉱山などで働く出稼ぎ労働者をヨハネスブルクに定住しているズールー語話者がこの言葉で呼んできた。両方とも家あるいは故郷に帰るというニュアンスを持っているが、暴動参加者によって使われると、これらの言葉は非常に攻撃的なニュアンスを持つ。すなわち、この言葉を投げつけられた人々は、私たちと異なり別の故郷がある人々なのだ、南アフリカにはいるべきでない人なのだと。

この土着性と外来性を分割する用語にズールー語が用いられていることは、ズールー人だけが襲撃に参加していたということを意味するわけではない。本書の冒頭に述べたように、ズールー語は、あるいはズールー語が基礎となっているツォチタール（あるいは言語学の専門用語でイシカマト）は、ヨハネスブルクにおけるアフリカ系住民の共通語になっている。実際にはすべてのヨハネスブルクに住むアフリカ系の南アフリカ人がズールー語を話すことができるわけではもちろんないが、ズールー語を話せるはずであるという意識は深く根付いている。それゆえに、ズールー語は他のアフリカ諸国出身者を南アのアフリカ人から区別し、前者を攻撃するためにも使われる。襲撃発生時に、英語・ズールー語の新聞は、ヒジ（indololwane）というズールー語の単語が、襲撃対象を見極めるための合言葉であったと伝えている。すなわち、「外国人」であることを疑われた人物に対してヒジを指差し、この部分をズールー語で言えと強制する。ヒジを「インドロルワネ」と正しい発音で言えることで、真正な南アフリカ人として認められるのである。

アフリカ言語を共通言語として用いることは、植民地支配からの脱却の一つの指標であると主張する研究者もいる。宣教師によって必要以上に細分化された言語集団を乗り越え、またアパルトヘイト政策によって過度にその差異を強調されてきた民族集団の統合を成し遂げるための手段としてズールー語が用いられるのであれば、確かにズールー語は、解放のための、あるいは脱植民地化のための言語だと考えることができるだろう。

外国人排斥のための合言葉としてズールー語の単語が利用されたという事実は、しかし、都市の共通言語としてのズールー語が新たな境界を設定するための道具となっていることを示す。南アフリカのアフリカ人は、他のアフリカ諸国からやってきた人々のことを侮蔑的にマクウェレクウェレ（Makwerekwere）と呼ぶ。クウェレクウェレと訳のわからないことばを話す人々。違う言葉を話す人々の異質性をオノマトペで示し、「野蛮人／バーバリアン」（barbarian）とみなす、古代ギリシャ以来の伝統からすれば、あまりに一般的な排除の仕方だ。

ニャンベジは、ズールー語で教科書を執筆することによって、ズールー語話者の学生たちに知識へのアクセスを可能にし、彼らがズールー語・ズールー民族主義にとどまらず、世界へと開かれていくことを希求した。たしかにズールー語は共通言語として用いられることで、民族ごとの分断を目指す人種隔離政策下のアパルトヘイトにおける共同性の創出に貢献してきた。しかし、アパルトヘイトが終わり、都市におけるズールー語話者という共同性は、他国出身者に対する襲撃を伴う民衆暴力の基盤として機能するようになった。ズールー語の現在に関してこのような暗い見通しを持つことも可能なのだろうか?

2 変わりゆくズールー語

このような大きな問いを前にして、コロナで現地を訪れることもできない今、すぐにできることはと言えば、微かな手がかりを求めて、辞書を引くことぐらいだ。二〇〇八年の外国人排斥暴動の最中、友人から合言葉としてのヒジの話を聞いたジャーナリストのプムラ・コーラは、学校で第一言語であるズールー語を習った時以来、この単語、インドロルワネを使っていないことを思い起こす。たしかにヒジが普段の会話で話題になることは稀だろう。しかし、当然ながら、英語話者に正しいズールー語を教示する辞書は、ヒジ＝インドロルワネを記載している。コレンゾ編纂の辞書、ブライアントの辞書、及びデントとニャンベジの辞書は、皆 indololwane n. elbow と品詞と簡潔な訳語を示すのみだ。それに対してドークとビラカジの英語・ズールー語辞典、ニャンベジのズールー語・ズールー語辞典は、用例を含めた解説をほどこしている。ニャンベジの辞書をズールー語のままに引用したい。

-dololwane（in- izin-）*bz* ilunga lengalo lapho kuhlangana khona ingxenye engenhla nengezansi; indololwane yaxosha umakoti egoyile --- ukuphatheka kabi kuyamxosha umuntu.［Nyembezi 1992: 92］

暴徒たちが、上記の例文を読んでから、襲撃に向かったわけはないだろうが、そう思いたくなるほど、悪い兆しに満ちた文例が紹介されている。「手荒く扱いそのことによって、人を追い出す」。ニャンベジの辞書に掲載された例文は、まさに外国人排斥を予言しているかのようだ。

この辞書の序文でこれまで白人の学習者を想定してズールー語・英語辞典が編まれてきたことを指摘し、ニャンベジはズールー人のためにズールー語・ズールー語辞典の必要性を次のように説明する。

ズールー語という言語を守ることの価値を信じる人であれば、この種の本〔ズールー語でズールー語を説明する本〕の重要性をすぐに理解するだろう。他の民族・人種と一緒に住んでいると他の言葉が入ってきてしまって、ズールー語が混乱したものになってしまう。もはや他の言葉に変わってしまうと思えるかもしれない。

最初から都市で生まれ育ったズールー人の子どもには、自身の言葉を失ってしまうという問題が生じるが、これは大人にも見られることである。ズールー人の苗字を持っているからズールー語を知っているということには全くならないのだ。それゆえに、この仕事〔ズールー語・ズールー語辞典〕は、私たちの宝を守る上で大きな力となるのだ。〔Nyembezi 1992: Isingeniso〕

ヨハネスブルクのような大都市で、他の言語を母語とする人々と接して暮らす中で、ズールー語は変わっていく。本書の冒頭で、あたかも自信たっぷりに、ライオンキングの「サークルオブライフ」はズールー語であると書いた。しかし、ズールー語の歌詞の中に別の言語、コーサ語が入っているのではないかと、私が教わったズールー語教師ムバリは指摘する。それは、Nant's ingonyama という始まりの単語、nant's が辞書で見つからないと質問したときだった。「ナンシ（nansi）：ここに～がいる／ある」というフレーズを作るズールー語の単語が、似た発音ではあるが、ナンチ（Nant's）となっているのだ[3]。あるいはライオンキングの冒頭は、ヨハネスブルク的なズールー語で歌われているというべきだったかもしれない。

ニャンベジは一見すると、このようなヨハネスブルクでの言語の混淆を批判しているように見える。ズールー語を知らないズールー人とはならないように。（例えば、indololwane を elbow というように）英語ですぐに代替するようなズールー人にはならないように。そのために、ズールー語をズールー語で説明する辞典が必要なのだ。ニャンベジはこのように説明する。

ズールー人であれば、きちんとしたズールー語、すなわち他の言語に汚染されていない純粋なズールー語を話すべきだという主張は、きちんとしたズールー語を話すことができないと認識された人への排除へとつながる。あるいはズールー語が南アフリカ黒人の共通語として想定される場合は、南アフリカ人ではないとして暴力の対象となる可能性がある。

しかし、実際にはニャンベジの辞書には、外来語が多く収録されている。ズールー語は生きた単語であり、そうであるからには、他の言語との接触によって新しい語彙が入ってくる。

今日愚かしいと考えられていることは、明日賢いこととなる。そして今日賢いと考えられていることは、明日は愚かしいこととなる。［Nyembezi 1992: Isingeniso］

ニャンベジはこのように外来語が入っている理由を説明する。

なぜ外来語が入っているのだ、これらの語彙は正しいズールー語（isiZulu esihle）ではない、このように主張する読者を想定して、ニャンベジは英語やアフリカーンス語、そしてコーサ語など他の言語から入ってきた語彙をズールー語・ズールー語辞典に収録した理由を、ことわざを用いて説明する。いくら疑わしいと思ったとしても人々はそれらの語彙を使う。そして、これから来る子孫にとっては、それらの語彙は当然ズールー語として考えられるかもしれないのだから。生きた言語としてのズールー語の可塑性をもとにニャンベジは自分の方針を擁護する。

長年に渡り拾い集めた文例を収録したズールー語・ズールー語辞典を、ニャンベジは『今日と明日のズールー語辞典』と名付けた。アパルトヘイトの後にやってくる、新しい南アフリカで、ズールー語を話す、これから来る人たちに向けて。

ニャンベジはズールー語のことわざや、ズールー王の頌詩をまとめ、ズール人の伝統文化の解説・用語集を出版した。またズールー語・英語辞典の編纂にも関わった。白人の、またズールー人の先達に引き続いて、言葉を拾い集めたその集大成として人生の最後に送り出したのが、ズールー語・ズールー語辞典だったのだ。ズールー語を話す人に向けた辞書でありながら、変わりゆく生きた言語としてのズールー語を反映させるために、正しいズールー語に拘ることなく、人々の話す言葉を捉えようとしたこの辞書は、文化的な排外主義に陥ることなく、ズールー語の豊かさを伝える稀有な作品である。

先人の後に続いて言葉を拾い集めるニャンベジの、そして故郷を追われた人々のイメージに重ね合わせて、ズールー語で読んだ最初の物語『ルツ記』からの引用で終わるのがふさわしいように思う。

彼女は顔を伏せ、地にひれ伏し、そして彼に言った。

「なぜ私はあなたの目の中に私のことを気に掛けるやさしさを見つけるのでしょうか。わたしは外国人（uwezizwe）であるのに。[4]」

注

（1）五冊のタイトル・出版年・対象学年は以下の通りである。トゥーラシズエ *uTulasizwe*（一九二三年、対象学年スタンダード四、現在の六年生向けで、タイトルを意訳するならば『静かにして、私たちに話を聞かせてくれ』となる）、シャンガクーラ *uHlangakula*（一九二四年、スタンダード六『民族を発展させよう』）、バコケレ *uBaxoxele*（一九二四年スタンダード七及び教員資格レベル六『彼らに話を聞かせよう』）、クルメトゥーレ *uKulumetule*（一九二五年 スタンダード八、九 及び）教員資格レベル五『彼は静かに、そして話す』）、ヴセバキチ *uVusezakiti*（一九二六年、スタンダード三『私たちの話をもう一度呼び起こす』）。

（2）年齢は明記されていないが、最初は一二歳くらいかと思われる。もしかしたら、二〇一〇年の南アフリカ・ワールドカップの公式球がジャブラニと名付けられていたことを覚えているかもしれない。「喜び」という意味である。

（3）ただし、ズールー語新聞イランガ・ラセ・ナタールの二〇世紀初頭の古い記事では、ナンチ（Nanti）が使われているので、ズールー語ではないと言い切ることはできないと筆者としては思う。

（4）ズールー語訳聖書の元となったジェームズ王欽定英訳聖書では、この部分は以下のようになっている。"Then she fell on her face, and bowed herself to the ground, and said unto him, Why have I found grace in thine eyes, that thou shouldest take knowledge of me, seeing I am a stranger?" Ruth 2:10. 新共同訳では、次のようになっている。――ルツは、顔を地につけ、ひれ伏して言った。「よそ者のわたしにこれほど目をかけてくださるとは。厚意を示してくださるのは、なぜですか。」ルツ記二章一〇節。

参考資料・文献

〈録音テープ（キリー・キャンベル図書館所蔵）〉
C.L.S. Nyembezi Interview in 1979 at Shuter and Shooter in Pietermaritzburg. KCAV. KIllie Campbell Africana Library.

〈文献〉

Canonici, Noverino Noemio
1985 C.L.S. Nyembezi's Use of Traditional Zulu Folktales in His Igoda Series of School Readers. M.A. Thesis, University of Natal, Durban.

Dube, John.
1985 Insila KaShaka. Mariannhill（Natal）: Mariannhill Mission Press.（初版一九三〇年）
2008 *Jeqe:The Body Servant of King Shaka*. Translated by J. Boxwell. Johannesburg: Penguin.

Hassim, Shireen, Tawana Kupe, and Eric Worby, eds.
2008 *Go Home or Die Here: Violence, Xenophobia and the Reinvention of Difference in South Africa*. Johannesburg: Wits University Press.

Jolaosho, Omotayo
2019 Singing Politics: Freedom Songs and Collective Protest in Post-Apartheid South Africa. *African Studies Review* 62（2）: 6–29.

Malcolm, D. McK.
1935 *Ezasekhaya: incwadi yabantwana besikole asebeqede "ukucathula."* London: Longmans, Green.

Marcus, Gilbert
n.d. Freedom Songs, *Delmas Treason Trial*, Historical Papers Research Archive, University of the Witwatersrand, South Africa.（http://historicalpapers-atom.wits.ac.za/freedom-songs accessed Aug. 3. 2022.）

Nyembezi, C. L. Sibusiso
1975 *Mntanami! Mntanami!* Johannesburg: Educum.（初版一九五〇年）
1979 C.L.S. Nyembezi Interview. Shuter and Shooter in Pietermaritzburg. KCAV. KIllie Campbell Africana Library.
1981 *IGoda: Ibanga 1*. 4th ed.（new orthography）. Pietermaritzburg: Lincroft Books.
1992 AZ: *Isichazimazwi Sanamuhla Nangomuso*. Pietermaritzburg: Reach out.

Sanders, Mark
2016 *Learning Zulu: A Secret History of Language in South Africa*. Princeton: Princeton University Press.

Stuart, James
1924a *UBaxoxele: Incwadi Yezindaba Za Bantu Ba Kwa Zulu, Na Ba SeNatala*. London: Longmans Green and Co.

1924b *UHlangakula: incwadi ye zindaba za Bantu ba kwa Zulu, na ba seNatala.* London: Longmans Green and Co.

1925 *UKulumetule: incwadi ye zindaba za Bantu ba kwa Zulu, na ba seNatala.* London: Longmans Green and Co.

1926 *UVusezakiti: incwadi ye zindaba za Bantu ba kwa Zulu, na ba se Natali.* London: Longmans, Green & Co.

1934 *UTulasizwe: incwadi ye zindaba za Bantu ba kwa Zulu, na ba seNatala.* London: Longmans Green and Co. （初版一九二三年）

1976-2014 *The James Stuart Archive of Recorded Oral Evidence Relating to the History of the Zulu and Neighbouring Peoples*. 6 vols. Pietermaritzburg: Natal University Press.

Wright, John

2021 Tracking down the Sources of James Stuart's IsiZulu Readers. *Journal of Natal and Zulu History* 34.

あとがき

Ukwanda kwaliwa ngamthakathi/ ウクワンダ・クワリワ・ングムタカチ。

「増えることは、呪術師に嫌われる」。ズールー語で贈り物をもらったり、何かをしてもらった時に、感謝を伝える表現である。ニャンベジが書いた『ズールー語のことわざ』という本を見ると、次のように解説してある。「人を殺す呪術師は人々が増えることを嫌う。一方で、人間からすれば助けてくれる人が増えることは良いことだ。呪術師はそうは思わないかもしれないけれど。呪術師があなたに危害を加えないように、祈ろう」というニュアンスがあるのだ。

なんだか分かったような、分からないような説明ではあるけれど、そういうものなのだろう（西洋の魔女が、お尻が痛くてもほうきに乗るように、南アフリカの呪術師はちょっと小さくてもヒヒに乗るのだというショニパの名言が思い浮かぶ）。南アフリカ滞在中は、研究を実施する上で、あるいは新しい環境で生活していく上で多くの人に助けていただいた。きっと呪術師はほぞを噛んでいることだろう。

「読めない言葉で書かれても」という不満が聞こえてきそうではあるが、以下に南アフリカでの研究、及びその後の研究発表・執筆においてお世話になった方々に感謝申し上げます。ウクワンダ・クワリワ・ングムタカチ。南アフリカでは、ヴィッツ大学社会経済研究所の皆様（特にキース・ブリケンリッジ、ショニパ・モコエナ、ユニス・ヴィラカジ、ルネ・ファン・デル・ヴァール）、ケープタウン大学アーカイブと公共文化部門の皆様（特にジョン・ライトとキャロライン・ハミルトン）、キリー・キャンベル・アフリカナ図書館（特にセンゾ・ムキジ）。日本では、松下幸之助記念志財団、フォーラム委員会、ブックレット委員会、風響社の皆様に大変お世話になりました。なお本ブックレット執筆にあたり参考にした資料の購入は科研費（20K22015）により可能になりました。

最後に、南アフリカ滞在中から始まり、現在もズールー語を教えていただいているムバリ・ンジョーベに感謝を。

Ngiyabonga kakhulu Mbali Njobe, uThisha wami.

Njengegama lakho uyakwazi ukuqhakazisa umthando wesiZulu kwabafundi bakho.

（私のズールー語の教師であるムバリ・ンジョーベ氏、花（umbali）という名前のように、学生にズールー語を愛する気持ちを開かせてくれる、そのような教師に出会えたことに特別の感謝を。）

著者紹介

上林　朋広（かんばやし　ともひろ）

1986年、東京都生まれ。

一橋大学大学院社会学研究科総合社会科学専攻博士課程修了。博士（社会学）。

一橋大学大学院社会学研究科特任講師（ジュニア・フェロー）を経て、現在日本学術振興会特別研究員CPD。

主要論文に、「ズールー・ナショナリズムにおける「曖昧さ」の縮減——1930・40年代のズールー語教科書出版における白人行政官と保守的ズールー知識人の協調」『一橋社会科学』13巻（2021年）117-144頁がある。

ズールー語が開く世界　南アフリカのことばと社会

2022年10月15日　印刷
2022年10月25日　発行

著　者　上林朋広

発行者　石井　雅
発行所　株式会社　風響社

東京都北区田端4-14-9（〒114-0014）
Tel 03（3828）9249　振替00110-0-553554
印刷　モリモト印刷

ISBN978-4-89489-813-4　C0087